臺灣歷史與文化 研究輯刊

九 編

第 4 冊

清代臺南五條港的發展與變遷
——以行郊、寺廟爲切入途徑

郭承書 著

花木蘭文化出版社

國家圖書館出版品預行編目資料

清代臺南五條港的發展與變遷——以行郊、寺廟為切入途徑／
郭承書 著 — 初版 — 新北市：花木蘭文化出版社，2016〔民
105〕
目 4+158 面；19×26 公分
（臺灣歷史與文化研究輯刊 九編：第 4 冊）
ISBN 978-986-404-472-6（精裝）
1. 人文地理 2. 清代 3. 臺南市
733.08   105001801

ISBN-978-986-404-472-6

9 789864 044726

臺灣歷史與文化研究輯刊
九　編　第四冊   ISBN：978-986-404-472-6

清代臺南五條港的發展與變遷
——以行郊、寺廟為切入途徑

作　　者　郭承書
總 編 輯　杜潔祥
副總編輯　楊嘉樂
編　　輯　許郁翎
出　　版　花木蘭文化出版社
社　　長　高小娟
聯絡地址　235　新北市中和區中安街七二號十三樓
　　　　　電話：02-2923-1455／傳真：02-2923-1452
網　　址　http://www.huamulan.tw　信箱　hml 810518@gmail.com
印　　刷　普羅文化出版廣告事業
初　　版　2016 年 3 月
全書字數　95107 字
定　　價　九編 24 冊（精裝）台幣 50,000 元

清代臺南五條港的發展與變遷
——以行郊、寺廟爲切入途徑

郭承書　著

作者簡介

　　郭承書，1985 年生，桃園人，佛光大學歷史學系及研究所畢業。十八歲初至宜蘭礁溪求學，初就讀佛光大學人類學系，雖對考古學有著濃厚的興趣，但仍心繫於歷史，故於大二時決定轉於歷史學系就讀。

　　就讀研究所期間，曾於學校圖書館工讀及各處室擔任行政助理和教學助理，亦於宜蘭羅東一間國中擔任歷史科代課老師以及國立臺灣傳統藝術總處籌備處臺灣音樂中心、國家圖書館主辦、佛光大學歷史學系承辦之「2011 臺灣傳統音樂研究回顧展」之行政助理。

提　　要

　　本文以清代臺南府城西門外五條港區的發展與變遷為研究主題，且由行郊、寺廟兩方面切入探討，來觀察該區域的商業貿易、宗教信仰與社會發展的關連性。

　　臺南府城為臺灣最早開發的地方，自荷據時期，後歷經鄭氏時期，至清領末葉，在臺北崛起之前，府城一直是臺灣的政治、經濟、文化的重心。而鹿耳門自鄭氏至清代一直是府城主要對外港口，然府城與鹿耳門之間隔有臺江內海，故府城聯繫鹿耳門的五條港區在清領時期有其歷史發展上的獨特地位。由於五條港是為聯繫府城與鹿耳門（因臺江陸浮後改至安平、四草湖、國賽港）的轉運站，其不論在經濟貿易發展上，抑或社會文化方面，都曾經繁榮興盛一時，也是府城行郊聚集之處，臺南三郊的辦事處「三益堂」即設在此區的水仙宮，故五條港成為清代府城對外貿易的中心。

　　由於行郊因港口的貿易而生，故港區的繁榮興盛，以及航道、道路是否順暢，在在影響著港區的貿易發展，因此行郊對於港區的公共事務多積極參與，以利自身的生理發展。如修橋鋪路、疏濬河道，或投身慈善事業，倡導善良風氣，或於動亂時，為保全生命財產，組織義民，募集團練，協助城防等，皆有郊商不辭辛勞的付出及慷慨捐資。故港區的各項公共事務與社會事業，郊商的確扮演了重要角色，而這些建設都與三郊自身的經濟活動有密切關聯。

　　再者，行郊本身就具有神明會之性質，其辦事處多設在寺廟，如三郊辦事處則設於水仙宮，此外，在當時或由三郊管理，或與三郊關係密切之廟宇有大天后、海安宮、朝興宮溫陵廟等。五條港區既是府城行郊聚集之處，其對於府城的宗教活動的投入更是不遺餘力，甚至影響五條港區的信仰類型。

　　可知一個港口的發展，行郊與寺廟是隨著港區蓬勃商機而興起，故可由行郊與寺廟來瞭解一個港區的興衰。而港口、行郊、寺廟可說是三面一體的，透過三者互動模式來了解一港區之變遷與發展，甚可發現港口失其航運、貿易機能後，行郊、寺廟亦隨之衰落，故三者是息息相關，更是共生共榮、共衰共亡的關係。

目次

圖目

表目

附錄

第一章　緒　論

第一節　研究目的與動機

「區域史」在近年已成為歷史研究的重要領域，法國年鑑學派第三代則特別注重於區域史的研究，如勒高夫（Jacques Le Goff）的《朗格多克的農民》一書，即是運用各種資料來重建一個鄉村的歷史。〔註1〕再者，在臺灣史領域，小區域研究已蔚為主流。

臺灣自明鄭時期以來，即成為閩、粵兩地移民開墾的新天地，在先民從大陸移墾臺灣過程中，港口無疑是移民入臺的門戶，而移民或由港口溯溪而上，向內地開發，或以港口為根據地，建立市街，成為對外輸出農產品和對內輸入日常必需品的集散中心。再者臺灣河川眾多，由東向西，野水橫流，導致陸路交通的不便，島內貨物互通有無，皆有賴河流之上下游及沿岸諸港口水運。〔註2〕故在臺灣開發史中，港口市鎮是為重要的據點，如「一府二鹿三艋舺」，本文則以一府的臺南府城五條港作為研究對象，由行郊與寺廟切入探討，觀察該區域的商業貿易、宗教信仰與社會發展的關連性。

本文選擇五條港為研究對象，主要是臺南府城為臺灣最早開發的地方，自荷據時期，後歷經鄭氏時期，至清領末葉以前，在臺北崛起之前，府城一直是臺灣的政治、經濟、文化的重心。而鹿耳門自鄭氏至清代一直是府城主要對外港口，然府城與鹿耳門之間隔有臺江內海，故府城聯繫鹿耳門的五條

〔註1〕王汎森，〈綜觀法國史學革命〉，《新史學》，第 3 卷第 2 期，1992 年，頁 176。
〔註2〕林玉茹，《清代臺灣港口的空間結構》，臺北：知書房出版社，1996 年，頁 1。

港區在清領時期有其歷史發展上的獨特地位。由於五條港是為聯繫府城與鹿耳門（因臺江陸浮後改至安平、四草湖、國賽港）的轉運站，其不論在經濟貿易發展上，抑或社會文化方面，都曾經繁榮興盛一時。

位在府城城西，且濱於臺江內海的五條港區，因位處海、陸貿易之要衝，隨著商人在此區的聚集，從事各種貿易與批發的商人逐漸增加，之後這些商人因血緣、地緣或共同商業利益等因素而結合為一團體，多以「郊」為名。在五條港區先後出現北郊蘇萬利、南郊金永順、糖郊李勝興，此三大郊又進一步組成「三郊」。三郊雖是商業組織，然其夾著雄厚的財力，參與地方公共事務與社會事業。

再者，行郊本身就具有神明會之性質，其辦事處多設在寺廟，如三郊辦事處則設於水仙宮，此外，在當時或由三郊管理，或與三郊關係密切之廟宇有大天后、海安宮、朝興宮溫陵廟等。五條港區既是府城行郊聚集之處，其對於府城的宗教活動的投入更是不遺餘力，甚至影響五條港區的信仰類型。

由於行郊與寺廟是隨著港區蓬勃商機而興起，三者息息相關，故本文期能由行郊、寺廟來了解五條港區的面貌，及其發展與變遷。

第二節　前人研究回顧

一、港口研究方面

清代臺灣移民乃以港口為上陸地點，有港口的地方往往成為最早開發與帶動經濟發展的地方，因此港口研究成為清代臺灣開發史與經濟史的重心之一。

光復初期，港口研究大抵停留在古蹟調查訪問、地名考證和耆老的記述。民國四十二年（1953）《臺北文物》第二卷，即首先刊行艋舺和大稻埕專號，紀錄耆老對兩港口回憶和少數專論性文章，首開先聲。對於臺灣南部港口研究貢獻最大為盧嘉興發表的一系列考證成果，如〈嘉義縣屬海岸線考〉、[註3]〈蚊港與青峰闕考〉、[註4]〈曾文溪與國賽港〉、[註5]〈二層行溪與蟯港〉、

〔註3〕 盧嘉興，〈嘉義縣屬海岸線考〉，《臺灣文獻》，第 10 卷第 3 期，1959 年，頁 75～81。

〔註4〕 盧嘉興，〈蚊港與青峰闕考〉，《臺南文獻》，第 7 卷第 2 期，1961 年，頁 72～86。

〔註5〕 盧嘉興，〈曾文溪與國賽港〉，《臺灣研究彙集》，第 22 期，1982 年，頁 127～154。

〔註6〕《鹿耳門地理演變考》〔註7〕等。他透過古籍、古地圖的比對、考證以及實地勘查訪問，還原明清時期嘉義以南到高雄地區的海岸線變遷與港口所在位置。

民國五十年代（1960～1969）港口研究逐漸突破地名考證的圍限，研究課題開始以個別港口作爲研究對象，且擴及港口商業貿易與宗教機能方面，而張柄楠之〈鹿港開港史〉〔註8〕一文，異軍突起，分述鹿港的地理水文、開港沿革、貿易狀況、行郊組織，提供較有系統地個別港口研究範圍，是具備學術水平論著，也成爲一篇典範，爲日後諸多論文所追隨。

民國六十年代（1970～1979）以後，清代臺灣港口的研究，在方法取徑、研究課題、資料的開發，均有新的嘗試與發展。在研究方法上，除早期傳統文獻、方志及歷史學的研究取徑外，社會學、地理學、人類學等各科學者亦投入港口研究，且刺激歷史學者運用社會科學的方法理論，而提出新的問題取向或詮釋。洪敏麟〈從潟湖、曲流地形之發展看笨港之地理變遷〉，〔註9〕即從歷史地理學的觀點，分析笨港的地理變遷，並還原歷史上的笨港原貌。林會承〈清末鹿港街鎮研究〉〔註10〕一文，即從都市設計及開發的角度，試圖解釋與重現清末鹿港的街鎮結構。再者，有關咸豐十年（1860）年開港之後，通商港口的政治、經濟、社會等諸問題亦漸受重視。其中，開港之後，海關設置及對外貿易的影響，如賴永祥〈淡水開港設關始末〉。〔註11〕而溫振華〈淡水開港與大稻埕中心的形成〉，〔註12〕則以大稻埕爲研究對象，探討開港後北部市鎮體系重組過程。

另外范勝雄〈三百年來臺南港口之變遷〉，〔註13〕則縮小研究區域，以臺

〔註6〕盧嘉興，〈二層行溪與蟯港〉，《臺灣研究彙集》，第23期，1983年，頁133～181。

〔註7〕盧嘉興，《鹿耳門地理演變考》，臺北：中國學術著作獎助委員會，1965年。

〔註8〕張柄楠，〈鹿港開港史〉，《臺灣文獻》，第19卷第1期，1964，頁1～44。按此文爲王世慶所撰。

〔註9〕洪敏麟，〈從潟湖、曲流地形之發展看笨港之地理變遷〉，《臺灣文獻》，第23卷第2期，1972，頁1～42。

〔註10〕林會承，〈清末鹿港街鎮研究〉《臺灣文獻》，第31卷第3期，1980年，144～164。

〔註11〕賴永祥，〈淡水開港與設關始末〉，《臺灣風物》，第26卷第2期，1976年，頁3～17。

〔註12〕溫振華，〈淡水開港與大稻埕中心的形成〉，《師大歷史學報》，第6期，1978年，頁245～270。

〔註13〕范勝雄，〈三百年來臺南港口之變遷〉，《臺灣文獻》，第29卷第1期，1978

南海岸地形之變遷作爲劃分時代的標準，再敘述十六至二十世紀（1700～1900）臺南地區港口的更迭。

至民國七十年代（1980～1989），港口研究觸角更爲廣泛，並出現綜合論述的學術論著。有關清末開港有戴寶村《清季淡水開港之研究（1860～1844）》、〔註14〕〈近代臺灣港口市鎮之發展——清末至日據時期〉、〔註15〕葉振輝《清季臺灣港埠之研究》〔註16〕。

民國八十年代（1990～1999），港口研究主要的代表爲林玉茹《清代臺灣港口的空間結構》，〔註17〕該書以港口的變遷爲主軸，探究清代臺灣港口的數量與分布、發展與劃分等級、港口互動與系統之形成與演變。其發表相關之論文，如〈清代臺灣港口的數量與分佈〉、〔註18〕〈清代臺灣港口的互動與系統之形成〉、〔註19〕〈清代臺灣港口的發展與等級劃分〉、〔註20〕〈清初與中葉臺灣港口系統的演變：擴張期與穩定期〉、〔註21〕〈清末臺灣港口系統的演變：巔峰期的轉型（1861～1895）〉〔註22〕。

近年有莊吉發〈歷史與地理：從故宮檔案看清代臺灣港口的滄桑〉，〔註23〕此篇文章從清代的檔案史料來分析臺灣港口的地理分布和轉移，並且提及船難事故及海盜出沒的案例。

年，頁 43～48。

〔註14〕戴寶村，《清季淡水開港之研究（1860～1844）》，臺北：國立臺灣師範大學歷史研究所專刊第 11 號，1984 年。

〔註15〕戴寶村，〈近代臺灣港口市鎮之發展——清末至日據時期〉，臺北：國立臺灣師範大學歷史研究所博士論文，1988 年。

〔註16〕葉振輝，《清季臺灣港埠之研究》，臺北：標準書局，1985。

〔註17〕林玉茹，《清代臺灣港口的空間結構》，臺北：知書房出版社，1996 年。

〔註18〕林玉茹，〈清代臺灣港口的數量與分佈〉，《史原》，第 19 期，1993 年，頁 213～261。

〔註19〕林玉茹，〈清代臺灣港口的互動與系統之形成〉，《臺灣風物》，第 44 卷第 1 期，1994 年，頁 81～125。

〔註20〕林玉茹，〈清代臺灣港口的發展與等級劃分〉，《臺灣文獻》，第 44 卷第 4 期，1993 年，頁 97～137。

〔註21〕林玉茹，〈清初與中葉臺灣港口系統的演變：擴張期與穩定期（1683～1860）〉，《臺灣文獻》，第 45 卷第 3 期，1994 年，頁 31～79。

〔註22〕林玉茹，〈清末臺灣港口系統的演變：巔峰期的轉型（1861～1895）〉，《臺灣文獻》，第 46 卷第 1 期，1995 年，頁 97～137。

〔註23〕莊吉發，〈歷史與地理：從故宮故宮檔案看清代臺灣港口的滄桑〉，《臺灣文獻》，第 52 卷第 1 期，2001 年，頁 181～198。

二、行郊方面

　　清代臺灣商業史的研究，向來以研究商業組織之成果最爲可觀，主要是行郊與洋行兩種。行郊是臺灣商業史最早研究的主題，且成果豐碩，但著作不多。然而有關行郊的史料不僅是既闕且略，蒐羅亦相當不易，以今存史料而言，臺灣諸方志與閩、粵兩省方志所載，或略而不言，或偶一提及，無一有系統的敘述。較爲珍貴者，其一爲臺灣各地存留之清代碑碣，然而所能參考運用者，多限於碑末的「捐輸名單」；其二爲日治時期，臨時臺灣舊慣調查會所編印之《臨時臺灣舊慣調查會第一部調查第三回報告書臺灣私法》第三卷及其〈附錄參考書〉，此一調查報告對於「郊」之性質、組織、沿革有較完整解說，並收有「郊」之參考文獻十數件。

　　在民國四十年代（1950～1959）即有幾篇介紹臺灣行郊的文章，如徐方幹〈清代臺灣商業貿易團體——郊〉、〔註24〕顏興〈臺灣商業的由來與三郊〉〔註25〕等。嗣後的行郊研究，首推方豪，民國六十一年（1972）年起其陸續發表了一系列的有關行郊的專論，其主要運用大量的碑文、方志、檔案資料，或分析、或考證，以傳統歷史學方法，來探究臺灣各地行郊的歷史沿革，如方豪在〈臺南之「郊」〉〔註26〕一文中，使用了清代之方志、《臺灣私法》、《臺灣南部碑文集成》等文獻作爲此篇論文的核心史料。該文雖缺乏論述行郊的機能與在社會經濟所扮演的角色，但考證郊名與郊號出現的時間甚有貢獻，無疑是將清代與日治時期的史料做了整理。

　　此後，曾玖成〈臺灣行郊史〉、〔註27〕石萬壽〈臺南府城的行郊特產點心——私修臺南市志稿經濟篇〉〔註28〕都是有關行郊的研究。而自民國六十七年至七十九年（1978～1990），卓克華站在方豪的學術積累上，透過新蒐整的行郊規約與文獻的解析，陸續發表了幾篇有關行郊的論文：〈行郊考〉、〔註29〕〈艋舺行郊初探〉、〔註30〕〈臺灣行郊之組織功能及貢獻〉、

〔註24〕徐方幹，〈清代臺灣商業貿易團體——郊〉，《大陸雜誌》，第 7 卷第 11 期，1954年，頁 11～19。

〔註25〕顏興，〈臺灣商業的由來與三郊〉，《臺南文化》，第 3 卷第 4 期，1954 年，頁9～15。

〔註26〕方豪，〈臺南之「郊」〉，《大陸雜誌》，第 44 卷第 4 期，1972 年，頁 1～23。

〔註27〕曾玖成，〈臺灣行郊史〉，《臺北文獻》，第 38 期，1976 年，頁 307～324。

〔註28〕石萬壽，〈臺南府城的行郊特產點心——私修臺南市志稿經濟篇〉，《臺灣文獻》，第 31 卷第 4 期，1980 年，頁 70～98。

〔註29〕卓克華，〈行郊考〉，《臺北文獻》，第 45 期，1978 年，頁 427～444。

〔註31〕〈新竹行郊初探〉、〔註32〕〈新竹塹郊金長和箚記三則〉、〔註33〕〈試釋全臺首次發現艋舺「北郊新訂抽分條約」〉、〔註34〕〈清代澎湖臺廈郊考〉〔註35〕，1990 年出版其碩士論文〈清代臺灣行郊之研究〉，〔註36〕改名《清代臺灣的商戰集團》，〔註37〕綜合歸納清代臺灣行郊的本質、組織、功能、貿易與營運以及行郊之式微，是第一本全面性行郊研究的專著，且卓克華的論述自民國八十年代（1980～1989）以來，至今近三十餘年，仍爲後進研究者不斷承襲。

除了方豪與卓克華的研究，偶有若干學者、地方文史工作者之單篇論文發表，蔡淵絜在行郊的研究著重於行郊在地域社會的活動與角色，其〈清代臺灣行郊的發展與地方權力結構之變遷〉，〔註38〕指出代表商人團體的行郊逐漸崛起參與地方公務，導致地方權力的分配形態產生變化，且注意到行郊活動範圍的侷限性。

民國八十年代（1990～1999），行郊的研究轉向郊商成員與資本性質的討論。林滿紅在〈清末大陸來臺郊商的興衰──臺灣史、中國史、世界史之一結合思考〉〔註39〕一文中，指出清代臺灣的行郊爲大陸來臺商人所設，不過中南部郊商根留大陸的特性有逐漸淡化之趨勢，且有臺灣本地商人參與。林玉茹〈清代竹塹地區的商人團體──類型、成員及功能的討論〉，指出清代臺

〔註30〕 卓克華，〈艋舺行郊初探〉，《臺灣文獻》，第 29 卷第 1 期，1978 年，頁 188～192。

〔註31〕 卓克華，〈臺灣行郊之組織功能及貢獻〉，《臺北文獻》，第 71 期，1985 年，頁 55～112。

〔註32〕 卓克華，〈新竹行郊初探〉，《臺北文獻》，第 63 期，1983 年，頁 213～242。

〔註33〕 卓克華，〈新竹塹郊金長和箚記三則〉，《臺北文獻》，第 74 期，1985 年，頁 29～40。

〔註34〕 卓克華，〈試釋全臺首次發現艋舺「北郊新訂抽分條約」〉，《臺北文獻》，第 73 期，1985 年，頁 151～166。

〔註35〕 卓克華，〈清代澎湖臺廈郊考〉，《臺灣文獻》，第 37 卷第 2 期，1986 年，頁 1～33。

〔註36〕 卓克華，〈清代臺灣行郊之研究〉，臺北：文化大學歷史研究所碩士論文，1983 年。

〔註37〕 卓克華，《清代臺灣的商戰集團》，臺北：臺原出版社，1990 年。

〔註38〕 蔡淵絜，〈清代臺灣行郊的發展與地方權力結構之變遷〉，《師大歷史學報》，第 14 期，1986 年，頁 141～160。

〔註39〕 林滿紅，〈清末大陸來臺郊商的興衰──臺灣史、中國史、世界史之一結合思考〉，《國科會研究彙刊：人文及社會科學》，第 4 卷第 2 期，1994 年，頁 173～193。

灣傳統商業組織，除行郊外，也存在同一地方商人所組成的商人團體，且清末時的塹郊並不像方豪與卓克華所指出有沒落的現象，只是在社會公益的活動改由個別郊商所負責，對於社會活動的參與態度轉爲消極，不過此說仍有討論的空間，並未成定論。

在學位論文則有施懿芳〈從郊行的興衰看鹿港的社經興衰〉、〔註40〕黃懷賢〈臺灣傳統商業團體臺南三郊的轉變（1760～1940）〉。〔註41〕

三、寺廟與民間信仰方面

清代臺灣民間信仰相當發達，寺廟興建亦相當多。早期的研究重視個別神祇與聚落或地方發展關係，如洪敏麟〈清代關聖帝廟對臺灣政治社會之影響〉、〔註42〕李獻璋〈笨港聚落的成立及其媽祖祠祀的發展與信仰實態〉（上、中、下三篇）、〔註43〕卓克華〈臺灣寺廟對地方貢獻〉〔註44〕。至民國七十年代（1980～1989），溫振華〈北港媽祖信仰大中心形成試探〉，〔註45〕從北港媽祖本身的吸引力與彰化南瑤宮的推力，來解釋日治以前，北港朝天宮何以能夠超越臺南大天后宮，成爲媽祖信仰中心。博士論文有蔡相輝〈明清政權更迭與臺灣民間信仰關係之研究——清初臺灣政治與王爺媽祖信仰之關係〉。〔註46〕民國八十年代（1990～1999），康豹則運用西方理論分析寺廟對地方社會發展的影響，其〈慈祐宮與清代新莊街地方社會之建構〉〔註47〕一文，認爲慈祐宮不但能帶動地方經濟的發展，也是清代新莊街文化權力網絡的核

〔註40〕 施懿芳，〈從郊行的興衰看鹿港的社經興衰〉，高雄：國立中山大學中山學術研究所碩士論文，1991 年。

〔註41〕 黃懷賢，〈臺灣傳統商業團體臺南三郊的轉變（1760～1940）〉，國立政治大學臺灣史研究所碩士論文，2011 年。

〔註42〕 洪敏麟，〈清代關聖帝廟對臺灣政治社會之影響〉，《臺灣文獻》，第 16 卷第 2 期，1965 年，頁 53～59。

〔註43〕 李獻璋，〈笨港聚落的成立及其媽祖祠祀的發展與信仰實態〉，《大陸雜誌》，第 35 卷第 7、8、9 期，1967 年，頁 7～11、22～26、22～29。

〔註44〕 卓克華，〈臺灣寺廟對地方的貢獻〉，《臺北文獻》，第 38 期，1976 年，頁 187～198。

〔註45〕 溫振華，〈北港媽祖信仰大中心形成試探〉，《史聯雜誌》，第 4 期，1984 年，頁 10～20。

〔註46〕 蔡相輝，〈明清政權更迭與臺灣民間信仰關係之研究——清初臺灣政治與王爺媽祖信仰之關係〉，臺北：文化大學歷史研究所，1984 年。

〔註47〕 康豹，〈慈祐宮與清代新莊街地方社會之建構〉，《北縣文化》，第 53 期，1997，頁 71～78。

心，因此社會領導階層爲了控制公共領域，利用該空間來表達他們的意識形態及取得代表面子的象徵資本，故極力支持寺廟的興建重修。

　　另外，關於祭祀圈的論述，最早爲日治時期日本人岡田謙爲此一概念下定義，戰後卻直到 1975 年，施振民的〈祭祀圈與社會組織——彰化平原聚落發展模式的探討〉〔註 48〕一文發表後，祭祀圈理論才開始受重視，祭祀圈成爲研究清代區域開發史的必備項目。林美容有關祭祀圈的研究，如〈由祭祀圈來看草屯鎮的地方組織〉、〔註 49〕〈彰化媽祖的信仰圈〉、〔註 50〕〈由祭祀圈到信仰圈〉，〔註 51〕對於祭祀圈有明確的定義和解釋，並以實際的村落廟宇做爲案例來論述，且又提出「信仰圈」此一論點。

　　近年則有卓克華《從寺廟發現歷史》，〔註 52〕其透過寺廟研究，進一步從相關志書、碑文、文獻及實際訪查，來探究寺廟的歷史與變遷，且對於寺廟發展的時代背景及社會變遷有深入分析。後又陸續出版《寺廟與臺灣開發史》、〔註 53〕《竹塹媽祖與寺廟》、〔註 54〕《民間文書與媽祖廟研究》。〔註 55〕

　　有關於臺南市的寺廟與信仰方面，范勝雄的《府城的寺廟信仰》、〔註 56〕《府城的節令民俗》、〔註 57〕《府城叢談》〔註 58〕等，對於臺南市傳統民間信仰作了詳實的探討與紀錄，且提供了非常豐富的資料。石萬壽則有〈臺南市古蹟志〉、〔註 59〕〈臺南府城的城防〉、〔註 60〕〈臺南市宗教志〉，〔註 61〕文章

〔註 48〕施振民，〈祭祀圈與社會組織——彰化平原聚落發展模式的探討〉，《中央研究院民族學研究所集刊》，第 36 期，1975 年，頁 191〜208。

〔註 49〕林美容，〈由祭祀圈來看草屯鎮的地方組織〉，《中央研究院民族學研究所集刊》，第 62 期，1987 年，頁 53〜114。

〔註 50〕林美容，〈彰化媽祖的信仰圈〉，《中央研究院民族學研究所集刊》，第 68 期，1989 年，頁 41〜104。

〔註 51〕林美容，〈由祭祀圈到信仰圈〉，《臺灣史論文精選》，臺北：玉山社出版，1999年，頁 289〜319。

〔註 52〕卓克華，《從寺廟發現歷史》，臺北：揚智文化事業，2003 年。

〔註 53〕卓克華，《寺廟與臺灣開發史》，臺北：揚智文化事業，2006 年。

〔註 54〕卓克華，《竹塹媽祖與寺廟》，臺北：揚智文化事業，2010 年。

〔註 55〕卓克華，《民間文書與媽祖廟之研究》，臺北：揚智文化事業，2012 年。

〔註 56〕范勝雄，《府城的寺廟信仰》，臺南：臺南市政府，1995 年。

〔註 57〕范勝雄，《府城的節令民俗》，臺南：臺南市政府，1991 年。

〔註 58〕范勝雄，《府城叢談 1》，臺南：日月出版社，1997 年。范勝雄，《府城叢談 2》，臺南：日月出版社，1998 年。范勝雄，《府城叢談 3》，臺南：日月出版社，1998 年。

〔註 59〕石萬壽，〈臺南市古蹟志〉，《臺灣文獻》，第 28 卷第 1 期，1977 年，頁 90〜106。

中除談論府城的寺廟與信仰以外，亦對府城廟宇間所建立的聯境組織作了詳細調查與研究。戴文峰則有《府城媽祖行腳》。〔註 62〕

四、學位論文

　　研究臺南地區的論文數數量眾多，尤其是以臺南大學臺灣文化研究所及成功大學建築研究所的學位論文為最多。其中臺南大學臺灣文化研究所的研究面向較廣，較多元，以臺南地區的土地開發與社會變遷為主，如趙文榮〈清代臺南地區的開發與社會變遷（1623～1895）〉、〔註 63〕陳素雯〈臺江內海浮覆地社會經濟變遷之研究──以臺南市安南區為例〉、〔註 64〕薛伊婷〈三、四鯤鯓聚落的發展與變遷〉、〔註 65〕李嶽倫〈府城（臺南）南門外土地使用的歷史發展〉、〔註 66〕蔡瓊娥〈府城小北門外浮陸地之探討〉。〔註 67〕五條港的研究，則有蔡松勳〈五條港區居民生活方式與社區空間關聯之研究〉，〔註 68〕其研究著重於現今五條港區居民的生活方式與社區空間利用之關聯性，較偏向社會學的調查研究，較少論及社會文化等方面；徐麗琪〈府城（臺南）五條港聚落空間的歷史變遷〉，〔註 69〕此篇研究內容為清初至光復後，五條港區在各個時期的地理、經濟、居民生活等方面的變遷，來呈現五條港區的空間演變；梅宗毓〈府城（臺南）西門城外的歷史變遷〉，此論文以臺南府城西門城

〔註 60〕石萬壽，〈臺南府城的城防〉，《臺灣文獻》，第 30 卷第 4 期，1979 年，頁 140
　　～166。
〔註 61〕石萬壽，〈臺南市宗教志〉，《臺灣文獻》，第 32 卷第 4 期，1981 年，頁 3～43。
〔註 62〕戴文峰，《府城媽祖行腳》，臺南：臺南市文化資產保護協會，2001 年。
〔註 63〕趙文榮，〈清代臺南地區的開發與社會變遷（1623～1895）〉，臺南：國立臺南
　　大學臺灣文化研究所碩士論文，1998 年。
〔註 64〕陳素雯，〈臺江內海浮覆地社會經濟變遷之研究──以臺南市安南區為例〉，
　　臺南：國立臺南大學臺灣文化研究所碩士論文，2005 年。
〔註 65〕薛伊婷，〈三、四鯤鯓聚落的發展與變遷〉，臺南：國立臺南大學臺灣文化研
　　究所碩士論文，2009 年。
〔註 66〕李嶽倫，〈府城（臺南）南門外土地使用的歷史發展〉，臺南：國立臺南大學
　　臺灣文化研究所碩士論文，2009 年。
〔註 67〕蔡瓊娥，〈府城小北門外浮陸地之探討〉，臺南：國立臺南大學臺灣文化研究
　　所碩士論文，2011 年。
〔註 68〕蔡松勳，〈五條港區居民生活方式與社區空間關聯之研究〉，臺南：國立臺南
　　大學臺灣文化研究所碩士論文，2001 年。
〔註 69〕徐麗琪，〈府城（臺南）五條港聚落空間的歷史變遷〉，臺南：國立臺南大學
　　臺灣文化研究所碩士論文，2006 年。

外的區域開發爲研究主題，探討府城西門城外自清代至戰後各個時期的發展
與變遷，其研究區域雖爲府城西門城外，然實爲五條港區。〔註70〕

關於臺南地區的民間信仰與寺廟方面有陳宏田〈王爺信仰的城鄉差異分析
──以臺南地區爲例〉、〔註71〕王郁雅〈臺南市保生大帝信仰文化探討〉、〔註72〕
林素梅〈臺南市媽祖信仰之研究〉、〔註73〕汪明怡〈臺南寺廟聯境組織變遷之
研究〉、〔註74〕蔡婉婷〈臺南市寺廟建廟傳說之研究〉、〔註75〕徐婉翊〈臺南
市文昌帝君信仰之研究〉、〔註76〕吳嘉燕〈臺灣天公（玉皇）信仰之探究──
以臺南市天壇爲考察中心〉、〔註77〕邱千芬〈臺南市月老信仰之研究〉、〔註78〕
王耀賢〈府城城隍信仰之研究〉〔註79〕等。

在臺南府城的商業經濟僅陳東海〈清代臺南府城之商業〉一篇，此篇除
論述清代臺南府城的商貿的興衰，其中對於府城的行郊亦多有著墨。〔註80〕

成功大學建築研究所的研究則多是臺南市的空間探討，如吳鴻森〈清末
臺南府城城市空間結構之研究──以聯境守城時期城市空間爲例〉、〔註81〕梁

〔註70〕 梅宗毓，〈府城（臺南）西門城外的歷史變遷〉，臺南：國立臺南大學臺灣文
化研究所碩士論文，2011 年。

〔註71〕 陳宏田，〈王爺信仰的城鄉差異分析──以臺南地區爲例〉，臺南：國立臺南
大學臺灣文化研究所碩士論文，2002 年。

〔註72〕 王郁雅，〈臺南市保生大帝信仰文化探討〉，臺南：國立臺南大學臺灣文化研
究所碩士論文，2002 年。

〔註73〕 林素梅，〈臺南市媽祖信仰之研究〉，臺南：國立臺南大學臺灣文化研究所碩
士論文，2004 年。

〔註74〕 汪明怡，〈臺南寺廟聯境組織變遷之研究〉，臺南：國立臺南大學臺灣文化研
究所碩士論文，2004 年。

〔註75〕 蔡婉婷，〈臺南市寺廟建廟傳說之研究〉，臺南：國立臺南大學臺灣文化研究
所碩士論文，2006 年。

〔註76〕 徐婉翊，〈臺南市文昌帝君信仰之研究〉，臺南：國立臺南大學臺灣文化研究
所碩士論文，2008 年。

〔註77〕 吳嘉燕，〈臺灣天公（玉皇）信仰之探究──以臺南市天壇爲考察中心〉，臺
南：國立臺南大學臺灣文化研究所碩士論文，2010 港年。

〔註78〕 邱千芬，〈臺南市月老信仰之研究〉，臺南：國立臺南大學臺灣文化研究所碩
士論文，2010 年。

〔註79〕 王耀賢，〈府城城隍信仰之研究〉，臺南：國立臺南大學臺灣文化研究所碩士
論文，2010 年。

〔註80〕 陳東海，〈清代臺南府城之商業〉，臺南：國立臺南大學臺灣文化研究所碩士
論文，2001 年。

〔註81〕 吳鴻森，〈清末臺南府城城市空間結構之研究──以聯境守城時期城市空間爲
例〉，臺南：國立成功大學建築研究所碩士論文，1996 年。

佳美〈從社會結構變遷與文化形式涵構探討臺南府城的都市空間特色〉、〔註82〕柯俊成〈臺南（府城）大街空間變遷之研究（1624～1945）〉、〔註83〕吳金翰〈傳統都市空間中領域現象之研究——以臺南市為例〉、〔註84〕石志偉〈傳統街屋空間使用特性之研究——以臺南市神農街為例〉。〔註85〕其中吳秉聲〈一個港道變遷下的空間研究——以臺灣（臺南）府城五條港區為例〉〔註86〕是以臺南府城五條港區為例，從地理、經濟、宗教、政治等面向來觀察五條港區的空間結構是如何形塑而成。

　　在高雄師範大學地理系也有類似的研究論文，如毛麗華〈臺南古城空間發展的詮釋〉、〔註87〕謝美華〈臺南市安南區聚落發展演變與居民生活空間調查之研究〉、〔註88〕許意苹〈臺南市中西區空間演變與都市空間特色之研究〉，〔註89〕而這些研究對臺南市的空間變遷提供了豐富的資料與研究成果。

　　此外，在臺灣師範大學歷史研究所則有楊秀蘭〈清代臺南府城五條港區的經濟與社會〉，〔註90〕其研究以歷史學的角度和觀點，針對清代臺南府城對外貿易的五條港區，探究其在此二百年間的經濟與社會的變遷。

　　由上述的論文可以發現，有關臺南府城的研究著實不少，但成功大學建築所多為社會科學的研究取向，而臺南大學臺灣文化研究所雖研究面向較為多元，在五條港的研究上，其研究方法仍是以社會科學為主，其中吳秉聲〈一

〔註82〕梁佳美，〈從社會結構變遷與文化形式涵構探討臺南府城的都市空間特色〉，臺南：國立成功大學建築研究所碩士論文，1998年。

〔註83〕柯俊成，〈臺南府城大街空間變遷之研究〉，臺南：國立成功大學建築研究所碩士論文，1998年。

〔註84〕吳金翰，〈傳統都市空間中領域現象之研究——以臺南市為例〉，臺南：國立成功大學建築研究所碩士論文，1998年。

〔註85〕石志偉，〈傳統街屋空間使用特性之研究——以臺南市神農街為例〉，臺南：國立成功大學建築研究所碩士論文，2002年。

〔註86〕吳秉聲，〈一個港道變遷下的空間研究——以臺灣（臺南）府城五條港區為例〉，臺南：國立成功大學建築研究所碩士論文，1997年。

〔註87〕毛麗華，〈臺南古城空間發展的詮釋〉，高雄：國立高雄師範大學地理系碩士論文，2001年。

〔註88〕謝美華，〈臺南市安南區聚落發展演變與居民生活空間調查之研究〉，高雄：國立高雄師範大學地理系碩士論文，2001年。

〔註89〕許意苹，〈臺南市中西區空間演變與都市空間特色之研究〉，高雄：國立高雄師範大學地理系碩士論文，2005年。

〔註90〕楊秀蘭，〈清代臺南府城五條港區的經濟與社會〉，臺北：國立臺灣師範大學歷史研究所碩士論文，2004年。

個港道變遷下的空間研究——以臺灣（臺南）府城五條港區爲例〉是以社會科學方法從多個面向來呈現一港區的空間面貌，而楊秀蘭〈清代臺南府城五條港區的經濟與社會〉則以歷史學的方法探究清代五條港區的經濟與社會的變遷。

綜合上述的前人研究，港口、行郊、寺廟的研究雖然可觀，但仍未注意到行郊與寺廟是隨著港區蓬勃商機而興起，三者之間有著牽一髮而動全身的相互影響關係存在，故未見綜合討論港口、行郊、寺廟三者之間的發展興衰、互動關係和彼此牽連影響的論文。

本文則希冀於上述諸篇論文的研究基礎上，嘗試以行郊、寺廟與港口興衰，此三者的互動關連，運作營造關係來探討一個港區的發展與興衰。

第三節　研究方法與章節介紹

一、研究方法

有關五條港研究的學位論文，其研究方法皆偏向社會科學的研究，或是以建築學的空間概念來探討五條港區的空間結構。本文則是以歷史學研究方法，運用大量的碑文、方志、檔案資料，歸納、分析、考證，探究五條港區及港區的行郊、寺廟在此二百年間的發展變遷。

（一）相關資料的蒐集

藉由前往眾多圖書館（如國家圖書館、臺灣大學圖書館、臺南市立圖書館），或是實地田野訪查，或至指導教授研究室，蒐集臺南市及五條港地區發展、行郊、寺廟等相關歷史文獻與資料，作爲本論文參考依據。文獻資料分述如下：

1、清代的地方志書：有關臺南府城的方志主要有蔣毓英《臺灣府志》、高拱乾《臺灣府志》、周元文《重修臺灣府志》、陳文達《臺灣縣志》、劉良璧《重修福建臺灣府志》、范咸《重修臺灣府志》、王必昌《重修臺灣縣志》、余文儀《續修臺灣府志》、謝金鑾《續修臺灣縣志》、陳國瑛《臺灣采訪冊》、葉宗元《臺灣府輿圖纂要》等。然方志是傳統中國官府爲了有效的治理地方而編纂的地方知識匯集，內容包括山川地理、歷史沿革、行政建置與運作、地方政府財政、風俗民情、藝文創作等，可說是地方百科全書。在清代，方志

是地方行政重要的施政參考書，於現今更成爲了解地方歷史、民俗的基礎史料，因此清代臺灣的方志成爲研究臺灣歷史的重要文獻。〔註91〕

2、清代的文集雜著：另在清代，許多到臺灣就任官員的著作，也都是了解當時社會現象的參考文獻，如道光三十年（1850）任臺灣府學訓導的劉家謀，其著有《海音詩》，〔註92〕於詩末加註，如此以詩證史，對於臺灣政治、社會與文化有深刻的觀察與描寫。而郁永河《裨海記遊》、姚瑩《東槎紀略》、徐宗幹《斯未信齋文編》、唐贊袞《臺陽見聞錄》等，均是很好的參考文獻，《安平縣雜記》對於臺南府城的傳統生活和風俗，亦做了非常詳實的記錄。

3、清代存留之碑碣：碑碣地方上的碑碣紀錄了當時的寺廟的發展、社會問題、環境的變遷，可補志書之不足，是地方史研究非常重要的參考資料。而臺南市碑碣數量居全臺之冠，故有許多碑碣可供參考。現有何培夫辛苦調查，整理彙編而成的《臺灣地區現存碑碣圖誌》，包含《臺南市（上）（下）篇》，以及黃典權所整理的《臺南市南門碑林圖志》和《臺灣南部碑文集成》。

4、期刊雜誌：如《臺灣文獻》、《臺南文獻》、《臺南文化》等，即與臺南市和五條港地區發展、行郊、寺廟等相關之文章。

5、博、碩士論文：尋找以臺南市及五條港區發展、寺廟與地方信仰和開發爲主主題之相關論文，作爲參考資料與本論文架構之範本。

6、筆者採用人類學之田野調查方式實地訪查臺南府城與五條港諸多寺廟、古蹟，以及五條港周邊市街之空間結構、相關產業等進行調查，並加以拍照記錄，以瞭解五條港與周邊市街發展的關係。更曾赴水仙宮、大天后宮、海安宮、朝興宮溫陵廟等寺廟實地調查，經訪問耆老，發現臺南三郊解散後，由於時空差異甚大，相關資料已所剩無幾。

由於本文討論到臺南府城的地理環境變遷、街市發展、寺廟等，故有輔以地圖或照片，以增加對文字敘述的了解。

二、章節介紹

本文除第一章爲緒論，敘述研究動機與目的、研究方法、前人相關研究。

〔註91〕吳密察、翁佳音等，《臺灣史料集成提要》，臺北：遠流出版公司，2004，頁51。
〔註92〕劉家謀，《海音詩》，收錄於《臺灣雜詠合刻》，臺灣文獻叢刊第28種，臺北：大通書局，1995年。

第五章為結論,其他各章節安排如下:

　　第二章:從臺南海岸線變遷臺探討五條港區的形成,及其發展與興衰。自清初至清末的二百餘年之間,臺江由滄海變為桑田,五條港從繁華至沒落,可知臺南府城與五條港的商業與貿易均深受臺江內海的地理環境變遷影響。

　　第三章:第一節討論五條港區最為重要的商業組織臺南三郊的形成及其組織與沿革;第二節討論三郊與臺南府城、五條港的商業經濟以及街道與港道的機能與特色;第三節至第五節討論三郊在五條港區的社會活動、文化活動、政治活動,如修橋鋪路、疏濬河道,或投身慈善事業,倡導善良風氣,或於動亂時組織義民,募集團練,協助城防等。

　　第四章:第一節討論五條港區的宗教信仰與其信仰特色,尤其是行郊與碼頭工人的信仰是五條港宗教信仰的兩大脈絡;第二節進而討論行郊的與寺廟之間的關係,以及三郊參與地方寺廟的修建;第三節則列舉由三郊所直接管理或與三郊關係密切的寺廟。

　　此外,本文旨在由行郊與寺廟為切入的途徑,探討五條港的社會面貌與發展變遷,而非只著重於行郊之究,故文中所舉行郊從事各項活動的例子中,筆者不將行郊與個別郊商行號分開討論。以及在論及經濟、社會文化、宗教等層面時,亦會擴及整個臺南府城。

第二章　五條港區的形成與地理變遷

第一節　臺江內海的陸化

　　臺南府城自荷據時期始，即是由臺江內海的海岸地區逐漸發展而來。荷蘭人在當時海濱建造了普羅民遮城（今赤崁樓），亦建造了第一條街，爲普羅民遮街，開始了臺南的發展。然而臺江由於地形因素，時有漂沙淤積，又加以曾文溪及鹽水溪一遇暴雨，洪水所挾帶的大量泥沙在出海口受到風浪、海流所阻，沉積而成沙洲，使得臺江逐漸淤淺。而五條港區是由臺江淤淺而形成，故要了解五條港的興衰，須得先從臺江的海岸變遷談起。

　　舊時臺南西部海岸地形是濱外沙洲所圍成的潟湖，故其發展深受潟湖地形演變的影響。在明末清初時期，此種沙洲潟湖的海岸地形十分顯著，其中以臺南西邊的臺江內海面積最大，其後經歷清代二百多年的演變，臺江內海水域逐漸爲泥沙淤積，濱外沙洲與陸地日漸相連，形成廣闊的海埔新生地。

　　臺江內海在荷蘭人入臺之前，臺江內海早已經形成，乾隆十二年（1747）范咸《重修臺灣府志》載：

> 臺江：在縣治西門外。大海由鹿耳門入，各山溪之水匯聚於此。南
> 至七鯤身，北至蕭壟、茅港尾。〔註1〕

乾隆十七年（1752）王必昌《重修臺灣縣志》亦載：

> 臺江在縣治西門外。江洋浩瀚，可泊千艘。南至七鯤身，北至諸羅

〔註1〕　范咸，《重修臺灣府志》，卷一〈封域・山川〉，臺灣文獻叢刊第105種，臺北：大通書局，1995年，頁10。

之蕭壟、茅港尾，內受各山溪之水，外連大海。〔註2〕
可見臺江內海在乾隆時期仍然浩瀚廣闊，北至蕭壟（今臺南佳里）、茅港尾
（今臺南下營），南至七鯤身，而且可泊千艘船。然而因臺南各溪流皆在臺
江出海，其所挾帶的大量泥沙，使得臺江終免不了淤塞的命運，臺江陸化亦
是遲早之事。

　　臺南一帶的河流上游為易碎的泥岩及頁岩地質，若遇豪雨，河川則含砂
量大增，其對於海岸平原的地形變遷有著重要的影響。〔註3〕注入臺江的河
流，由北而南為曾文溪、鹽水溪、柴橋頭港、德慶溪、福安坑、竹溪、三爺
宮溪、二層行溪（今二仁溪）等，其中以曾文溪的輸砂量最大，而這些河川
所攜帶的大量泥沙跟著注入臺江，成為臺江這一廣大潟湖逐漸陸化的主要營
力。〔註4〕

　　由於曾文溪是臺江海域最主要的河川，其流進入平坦的平原區後，因河
床坡降平緩，故每逢颱風暴雨便溪水暴漲流量劇增，河川屢屢改道，新河口
又成為輸沙新堆積的處所。道光三年（1823）七月因暴風雨，使得曾文溪改
道，由鹿耳門溪注入臺江內海，姚瑩的《東槎紀略》：

> 道光三年七月，臺灣大風雨，鹿耳門內，海沙驟長，變為陸地……
> 今則海道變遷，鹿耳門內形勢大異，上年七月風雨，海沙驟長，當
> 時但覺軍工廠一帶沙淤，廠中戰艦不能出入，乃十月以後，北自嘉
> 義之曾文，南至郡城之小北門外四十餘里，東自洲仔尾海岸，西至
> 鹿耳門內十五、六里，瀰漫浩瀚之區，忽已水涸沙高，變為陸埔，
> 漸有民人搭蓋草寮，居然魚市，自埔上西望鹿耳門，不過咫尺。……
> 現際春水潮大，水裁尺許秋冬之後，可以撩衣而涉，自安平東望埔
> 上漁市，如隔一溝。〔註5〕

上述文中除提到道光三年（1823）的大風雨，亦說明經此風雨後，臺江陸浮

〔註2〕王必昌，《重修臺灣縣志》，卷二〈山水志〉，臺灣文獻叢刊第113種，臺北：
大通書局，1995年，頁35。
〔註3〕陳翰霖，〈17世紀以來臺灣西南海岸平原地形變遷之研究〉，臺北：中國文化
大學地理學系博士論文，1999年，頁7。
〔註4〕洪敏麟，《臺南市市區史蹟調查報告書》，臺中：臺灣省文獻委員會，1977，
頁18。
〔註5〕姚瑩《東槎紀略》卷一〈籌建鹿耳門砲臺〉，引道光4年（1824）三月總兵觀
喜等奏議。姚瑩，《東槎紀略》，卷一〈籌建鹿耳門砲臺〉，臺灣文獻叢刊第7
種，臺北：大通書局，1995年，頁31。

的情形。證明臺江淤積成陸實與曾文溪改道與挾帶的大量泥沙注入臺江有關。

以下茲將康熙 22 年（1683）至光緒 3 年（1877），臺南府城發生嚴重的自然災害列表如下：

表一　臺南府城發生嚴重的自然災害

發 生 年 月 日	災 情
康熙二十二年（1683）五月	大水。
康熙二十二年（1683）冬	雨雪。
康熙三十年（1691）八月	大風、毀民屋、船多被飄毀。
康熙五十四年（1715）九月	大風。
康熙六十年（1721）春	大風雨，自 3 月雨如注，至 6 月始霽；山崩川溢、田園沙壓。
康熙六十年（1721）八月	夜大風、天亦赤；發屋、壞垣、官哨商漁船隻盡碎、民兵多溺死。
雍正三年（1725）秋	大風。
雍正六年（1728）七月	大風。
雍正六年（1728）閏七月	大風，毀商哨船隻，有民兵溺死者。
乾隆三年（1739）	水災、臺灣受災之田，約 76000 餘甲。
乾隆三年（1739）秋	旱災。
乾隆十一年（1746）七月	大雨水，沖陷永康、武定、廣儲西、新化、新豐、仁德北、崇德等裏田原（計 143 甲）。
乾隆十一年（1746）八月	颶風大作，連日毀民舍，擊碎商船百餘艘。
乾隆十六年（1751）一月	大風。
乾隆四十九年（1784）八月	大風雨，毀民舍，折石坊，大拔木起，海舶登陸碎。
嘉慶九年（1804）七月	暴風竟日，西定、鎮北二舖高地水深 4.5 尺，湾地水深 7.8 尺，沖壞民屋無數。
道光三年（1823）六月	大風雨。
道光三年（1823）七月	大雨，曾文溪決、泥積臺江、遂成平陸。
道光七年（1827）七月	連月霖雨。
道光十二年（1832）八月	大風雨，近海田廬多沒。
光緒三年（1877）	臺南旋風，所過之處，屋瓦盡撤。

資料來源：洪敏麟，《臺南市市區史蹟調查報告書》，1977：6。

早期的臺江為一大內海，浩瀚無垠，可泊百船，為府城的海上貿易提供

了優渥的港灣條件，使得府城的商業繁榮興盛。然而臺江經歷荷據、鄭氏至清末二百餘年間，從汪洋一片的內海變成陸地，可謂是滄海桑田。經此巨變，府城對外航逞受阻，府城的經濟爲此大受衝擊。五條港位於府城城西，是由臺江逐漸陸化而形成的新生地，是連結府城與鹿耳門外港的轉運站，故府城的商業發展，實與五條港的興衰有著密切的關連。

臺江的淤塞與陸化，可從海岸線的變遷、渡口的轉移、市街的出現、廟宇的興建年代爲佐證。以下分三個時期討論：〔註6〕

（一）荷據、鄭氏時期的海岸線

此一時期，府城的海岸線約在今赤崁樓與大井頭一帶。嘉慶十二年（1807）謝金鑾《續修臺灣縣志》：

> 赤嵌樓：在鎮北坊。明萬曆末，荷蘭所築；背山面海，與安平鎮赤
> 嵌城對峙……先是潮水直達樓下。〔註7〕

而在鄭氏初期，清廷曾派密探繪製〈康熙初年墨繪臺灣軍備圖〉所記臺江內海，亦可印證當時海岸線的位置：

> 可抛泊船千百隻，但北風時其船甚搖擺，至僞承天府前尚有一里淺
> 池，若海水大潮則直到僞承天府前。〔註8〕

由上可知，當海水大潮時，可直抵承天府（赤崁樓），可見荷據時赤崁樓是濱臨海邊，至鄭氏初期，臺江內海仍是浩瀚汪洋，且可停泊千百隻船，但在近海的岸邊，已有泥沙淤積的現象，故在承天府前出現一里的淺池。

另外，當時的渡口爲大井頭，乾隆十七年（1752）王必昌《重修臺灣縣志》：

> 紅毛及僞時古渡，自大井頭登舟，今塡海成陸，市肆喧闐，移於此。
> 渡頭水淺潮落，必以牛車接載，潮漲，則易小艇可抵岸。〔註9〕

以今日赤崁樓與大井頭位置來看，兩地相距不遠。由赤崁樓南面的永福路二

〔註6〕此分期參考洪敏麟《臺南市市區史蹟調查報告書》及范勝雄〈臺灣府城海岸線勘記〉、〈臺灣府半月沉江〉。

〔註7〕謝金鑾，《續修臺灣縣志》，卷五〈外編・遺蹟〉，臺灣文獻叢刊第140種，臺北：大通書局，1995年，頁331～332。

〔註8〕〈康熙初年墨繪臺灣軍備圖〉後經《北臺古輿圖集》收錄改稱爲〈萬曆十八年臺灣軍備圖〉乙幀，原藏於清內府，現存國家圖書館。引自範勝雄〈臺灣府城海岸線勘記〉，《臺灣文獻》，第28卷第3期，1977年，頁136。

〔註9〕王必昌，《重修臺灣縣志》，卷三〈建置志・橋渡〉，臺灣文獻叢刊第113種，臺北：大通書局，1995年，頁97～98。

段往南至民權路二段交會路口即為今大井頭遺址所在。由此亦可證明此時期的海岸線約在今赤崁樓與大井頭一帶上。

圖1　大井頭

資料來源：筆者拍攝（攝於 2013 年 6 月 13 日）

圖2　大井頭井口

資料來源：筆者拍攝（攝於 2013 年 6 月 13 日）

鄭氏時期在赤崁樓附近所建的廟宇，北起開基天后宮（永曆十六年，1662）、廣安宮（永曆年間）、大天后宮（永曆十七年，1663）、開基武廟（永

曆二十三年，1669）、開山宮（永曆十六年，1662）、沙淘宮（永曆三十五年，1681）、總趕宮（永曆十七年，1663），南迄良皇宮（永曆年間）止，幾在南北的直線上，即今自強街、新美街、中正路 138 巷、民生路 181 巷的連線上。〔註10〕而沙淘宮在康熙三十五年（1696）高拱乾《臺灣府志》曾載：

> 沙淘宮：在附郭縣西定坊。其神能爲人驅除災孽。濱海之地浪湧淘沙，故以名宮焉。〔註11〕

在乾隆三十九年（1774）〈重築沙淘宮記〉碑文載：

> 草仔寮街舊有沙淘宮，……對峙者荷蘭城，環繞者鯤身砂，饒有雅致。〔註12〕

可知沙淘宮位置在於近海之處，隔臺江與安平對望，可見鄭氏時期的海岸線仍不出今日的西門路。鄭氏時期雖僅二十二年之久，但海岸線仍不斷向西推移，從荷據的赤崁樓和大井頭一帶逐漸推移至開基天后宮與良皇宮的連線以西的西門路。

圖 3　沙淘宮

資料來源：筆者拍攝（攝於 2013 年 6 月 13 日）

〔註10〕范勝雄，〈臺灣府城海岸線勘記〉，《臺灣文獻》，第 28 卷第 3 期，1977 年，頁 138。

〔註11〕高拱乾，《臺灣府志》，卷九〈外志‧寺觀（附宮廟）〉，臺灣文獻叢刊第 65 種，臺北：大通書局，1995 年，頁 220。

〔註12〕《臺灣南部碑文集成》，〈重築沙淘宮記〉，臺灣文獻叢刊第 218 種，臺北：大通書局，1995 年，頁 93。

（二）康熙至乾、嘉時期的海岸線

在康熙時期，海岸線約在今日西門路一帶，但其渡口仍是在大井頭。由於入清之後，兩岸的貿易往來頻繁，故泊於臺江的商船眾多，使得大井頭成爲商業貿易繁盛的渡頭。然而大井頭終爲流沙淤積，渡頭逐漸變成一片淺灘，以致船隻不得靠岸停泊，貨物和船客上岸需以牛車於淺水處接運。於康熙三十五年（1696）高拱乾《臺灣府志》所載：

> 大井頭渡：在西定坊。安平鎮渡：自安平鎮至大井頭相去十里，風順，則時刻可到；風逆，則半日難登。大井頭水淺，用牛車載人下船，鎮之澳頭淺處，則易小舟登岸。〔註13〕

康熙三十六年（1697）郁永河《裨海紀遊》清楚記載當時在府城海口登岸的情形：

> 二十四日，……望鹿耳門，是兩岸沙角環合處；門廣里許，視之無甚奇險，門內轉大。有鎮道海防盤詰出入，舟人下椗候驗。久之，風大作，鼓浪如潮，蓋自渡洋以來所未見。念大洋中不知更作何狀，頗爲同行未至諸舶危之。既驗，又迂迴二三十里，至安平城下，復橫渡至赤嵌城，日已晡矣。蓋鹿耳門內浩瀚之勢，不異大海；其下實皆淺沙，若深水可行舟處，不過一線，而又左右盤曲，非素熟水道者，不敢輕入，所以稱險。不然，既入鹿耳，斜指東北，不過十里已達赤嵌，何必迂迴乃爾？會風惡，仍留宿舟中。二十五日，買小舟登岸，近岸水益淺，小舟復不進，易牛車，從淺水中牽挽達岸。
>
> 〔註14〕

由《裨海紀遊》與《臺灣府志》的敘述，可知大井頭仍雖爲當時上岸渡口，但岸邊泥沙淤積嚴重，已爲淺灘，小舟亦無法靠岸，須更換牛車接載。至康熙五十九年（1720）陳文達《臺灣縣志》載：

> 大井，在西定坊。來臺之人，在此登岸，名曰大井頭是也。開闢以來，生聚日繁，商賈日盛，填海爲宅，市肆紛錯，距海不啻一里而遙矣。〔註15〕

〔註13〕高拱乾，《臺灣府志》，卷二〈規制志・津渡〉，臺灣文獻叢刊第65種，臺北：大通書局，1995年，頁43。

〔註14〕郁永河，《裨海紀遊》，臺灣文獻叢刊第44種，臺北：大通書局，1995年，頁7～8。

〔註15〕陳文達，《臺灣縣志》，〈雜記志九・古蹟〉，臺灣文獻叢刊第103種，臺北：

同陳文達《臺灣縣志》亦載：

> 大井頭街，在十字街之西。大井以東屬鎮北、大井以西屬西定。……
> 舊南勢街，在西定坊；新南勢街，在西定坊。……北勢街，在西定
> 坊；新北勢街，在西定坊。〔註16〕

可以發現大井頭在康熙末年已是陸地，且已出現街市。而新、舊南勢街和新、舊北勢街，即爲今日臺南市的神農街、海安路一帶。同在此附近的水仙宮（康熙五十四年，1715）、西羅殿（康熙五十七年，1718）、藥王廟（康熙五十七年，1718）、保安宮（康熙五十七年，1718）皆爲康熙年間所建，亦可證明西定坊隨著海退發展，已超出今西門路。

圖4　康熙臺灣輿圖──臺灣縣部分（國立臺灣博物館藏）

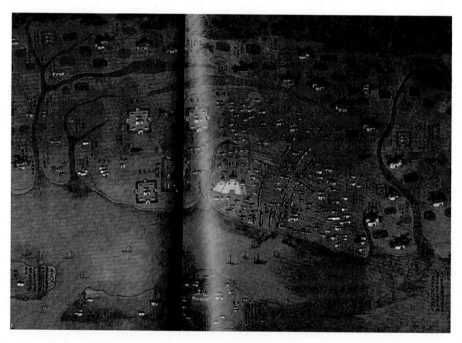

資料來源：高賢治、黃光瀛編，《縱覽臺江──大員四百年輿圖》，2010。

　　至乾隆時期，府城對外的渡口改至鎮渡頭。自明鄭至康熙年間，渡頭一直是大井頭，而至康熙末年時，從《臺灣縣志》可知，大井頭實已喪失渡頭

大通書局，1995年，頁206。
〔註16〕陳文達，《臺灣縣志》，〈建置志二‧集市〉，臺灣文獻叢刊第103種，臺北：大通書局，1995年，頁91～92。

功能，故乾隆時，渡頭西移至鎮渡頭，乾隆十七年（1752）王必昌《重修臺灣縣志》：

> 鎮渡，在西門外，距安平鎮水程七里。往來絡繹，因風順逆爲遲速。
> 紅毛及僞時古渡，自大井頭登舟，今塡海成陸，市肆喧闐，移於此。

〔註17〕

另外在鎮渡頭旁的接官亭（建於乾隆四年，1739），是清朝來臺上任官員，從大陸渡海到府城，由府城官吏迎接之地方。由其建造年代，故可推測鎮渡最晚是在乾隆初年形成。再依廟宇興建的時間與座落位置來看，於乾隆初期創建的廟宇有集福宮（乾隆元年，1736）、風神廟（乾隆四年，1739）、景福祠（乾隆十五年，1750）等，而集福宮、風神廟幾乎在金華路一條線。嘉慶嘉慶十二年（1807），謝金鑾《續修臺灣縣志》：

> 渡：則曰鎮渡（在西門外海口，距安平鎮水程七里，往來繹絡，以
> 風順逆爲遲速。紅毛及僞鄭時古渡，自大井頭登舟。今塡海成陸，
> 市肆喧闐，移渡於此。渡頭水淺，潮落必以牛車接載，乃可登岸）。

〔註18〕

自乾隆至嘉慶年間，渡口仍在鎮渡，未有改變。此間爲適應海岸線西移情形，於鎮渡頭的東邊建海安宮，祀媽祖，以庇祐海上航運，並分擔水仙宮的三郊生理業務。

康熙至嘉慶，臺江海岸線很明顯自大井頭西移至鎮渡頭，即自今西門路延伸至金華路。由府城西定坊的街坊的演變，城外（即今西門路一線以西）的街道由康熙年間的南、北勢二街，至嘉慶年間，已增加至二十街，並以鎮渡頭街與呰咽石街最爲邊遠，以西即爲臺江內海。〔註19〕

〔註17〕王必昌，《重修臺灣縣志》，卷三〈建置志・橋渡〉，臺灣文獻叢刊第113種，臺北：大通書局，1995年，頁97～98。

〔註18〕謝金鑾，《續修臺灣縣志》，卷一〈地志・橋渡〉，臺灣文獻叢刊第140種，臺北：大通書局，1995年，頁15。

〔註19〕范勝雄，〈臺灣府城半月沉江〉，《臺灣文獻》，第29卷第3期，1978，頁147。

圖5　乾隆臺灣輿圖——臺灣縣部分（國立故宮博物院藏）

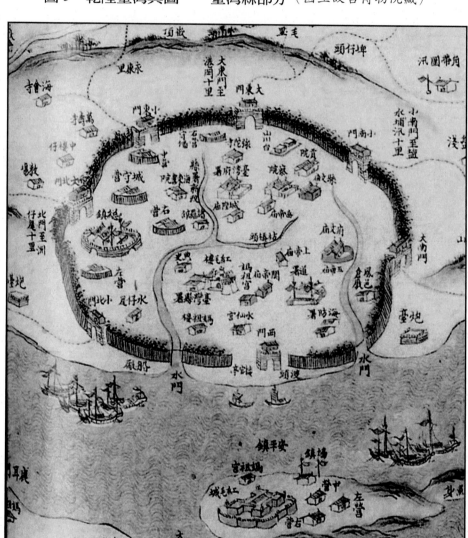

資料來源：高賢治、黃光瀛編，《縱覽臺江——大員四百年輿圖》，2010。

圖 6　接官亭

資料來源：筆者拍攝（攝於 2013 年 6 月 13 日）

圖 7　風神廟

資料來源：筆者拍攝（攝於 2013 年 6 月 13 日）

（三）道光至光緒時期的海岸線

在道光年間，對於臺江內海的淤積，其影響最大莫過於道光三年（1823）七月的大風雨，使得曾文溪改道，向南流入臺江，造成臺江陸浮成地，海岸線推移至安平，而鹿耳門港因此幾成廢港，姚瑩《東槎紀略》載：「道光三年七月，臺灣大風雨，鹿耳門內，海沙驟長，變爲陸地……昔時郡內三郊商貨，接用小船由內海駁運至鹿耳門，今則轉由安平大港外始能出入。」〔註20〕其後，《臺灣府輿圖纂要》載：

> 臺江，已成陸地：在縣大西門郭外。在昔各山溪之水澳聚於北，汪
> 洋渟蓄，可泊千艘尋因道光間防夷，塡塞海口。不數年，由安平鎮
> 漸次沙漲，直連大西門郭外，志所謂安平晚渡者，今成坦途。〔註21〕

道光二十年（1840），因鴉片戰爭，爲阻攔英國船隻，故塡塞海口，以致於臺江泥沙淤積愈是嚴重，自大西門城郭外至安平形成陸地。

在此時期出現的廟宇有崇福宮（道光五年，1825）、金華府（道光十年，1830）、六姓府（咸豐七年，1857）、聚福宮（光緒八年，1882）等。而這些廟宇多爲碼頭搬運工人所出資興建。可見港道雖已淤塞，郊商耗費龐大資金不斷地疏濬港道，並開鑿運河（舊運河）以維持府城對外的航運貿易，由於港道增長，搬運工作變得更爲繁重，爲碼頭搬運工增加了收入與工作機會，使其有更多資金來興建寺廟。〔註22〕

第二節　五條港區的形成與發展

五條港區是臺江淤積浮覆陸化而形成的地區，本是一望無際的臺江內海，在清代二百年間，臺江經過幾次的淤積而陸化。從康熙晚期到乾隆初期，臺江浮陸則日趨顯著，渡頭已由大井頭西移至鎮渡頭，而此區內遍佈許多可供船舶通行的河溝，利用這些河道運送貨物，並在新淤積的海埔地建屋闢路，使得此一地區商業蓬勃發展。乾隆時期，三郊則利用原本的水道通路，挖出

〔註20〕姚瑩，《東槎紀略》，卷一〈籌建鹿耳門砲臺〉，臺灣文獻叢刊第 7 種，臺北：大通書局，1995 年，頁 31。

〔註21〕葉宗元，《臺灣府輿圖纂要》，〈臺灣縣輿圖冊山水〉，臺灣文獻叢刊第 181 種，臺北：大通書局，1995 年，頁 104。按此圖冊，經大陸學者考證，爲清代臺灣知府葉宗元編纂。

〔註22〕楊秀蘭，〈清代臺南府城五條港區的經濟與社會〉，臺北：國立臺灣師範大學歷史研究所碩士論文，2004 年。頁 31。

五條港道。

一、五條港的形成

由於海岸線持續的西移，在康熙三十四年（1696）高拱乾《臺灣府志》中，提及津渡爲大井頭渡（大井頭遺址在今永福路、民權路口）。〔註 23〕康熙五十九年（1720）陳文達《臺灣縣志》中，津渡仍爲大井頭渡，但已出現新市街：北勢街及新北勢街，舊南勢街及新南勢街，可知此時的五條港區已有街道形成。〔註 24〕至乾隆年間，王必昌《重修臺灣縣志》載，海岸線續向西延伸，新渡口西移至鎮渡頭。〔註 25〕

由上述方志所載，可見府城西定坊原臨於臺江岸邊，後漸淤積，形成覆浮地（海埔新生地），居戶日多，商業亦隨之發展，大井頭周遭逐漸成爲市肆喧鬧的地區。

乾隆年間，鎮渡頭形成，府城郊商利用淤積覆浮地的水道通路，挖闢五條港道，以通外海，所以府城西區成爲桅桿林立，商行櫛比的對外貿易港區所在，故商業興盛，船頭行、郊行店舖林立。隨著臺江被溪流沖刷下來的泥沙和外海捲入的砂石所淤積，最後汪洋浩瀚的臺江內海終被填平陸化。而港區的範圍亦隨著臺江的陸化愈來愈大，形成五條港區。

五條港區的範圍即五條港道流經的範圍，俗稱五條港。五條港不是港口，而是港道，是五條接近海岸的河溝，也就是臺江內海逐漸陸化後所形成的水道。大概範圍是今西門路以西，金華路以東，成功路以南，中正路以北的區域。五條港由北而南依序是新港墘港、佛頭港、南勢港、南河港、安海港。〔註 26〕這五條港道，宛如手掌五指平攤於府城西區，在今協進國小後

〔註 23〕「大井頭渡，在西定坊。安平鎮渡，自安平鎮至大井頭相去十里，……大井頭水淺，用牛車載人下船，鎮之澳頭淺處，則易小舟登岸。」高拱乾，《臺灣府志》，卷二〈規制志・津渡〉，臺灣文獻叢刊第 65 種，臺北：大通書局，1995 年，頁 43。

〔註 24〕「舊南勢街，在西定坊；新南勢街，在西定坊……北勢街，在西定坊；新北勢街，在西定坊」。陳文達，《臺灣縣志》，〈建置志二・集市〉，臺灣文獻叢刊第 103 種，臺北：大通書局，1995 年，頁 92。

〔註 25〕「鎮渡，在西門外，距安平鎮水程七里。往來絡繹，因風順逆爲遲速。紅毛及僞時古渡，自大井頭登舟，今填海成陸，市肆宣闐，移於此。」王必昌，《重修臺灣縣志》，卷三〈建置志・橋渡〉，臺灣文獻叢刊第 113 種，臺北：大通書局，1995 年，頁 97～98。

〔註 26〕洪敏麟，《臺南市市區史蹟調查報告書》，臺中：臺灣省文獻委員會，1977。

方匯集，經由舊運河出鹽水溪，至四草湖後出海。

有關五條港的名稱眾說紛紜，在《臺南市鄉土史料》〔註27〕中，即有訪問多位耆老有關「五條港」名稱，林燕山（民國九年出生，1920）認爲五條港是指番薯港、安海港、南河港、關帝港、堀頭港（即佛陀港）；吳兆鳳（民國七年出生，1918）、呂丁男（民國十三年出生，1924）、杜丁贊（民國六年出生，1917）共說了八條港道：王宮港、媽祖港、關帝港、佛頭港、南勢港、南河港、安海港、番薯港；吳森緣（民國七年出生，1918）認爲是水仙宮前的佛頭港、關帝港、南河港、柴頭港、媽祖港。陳祖東（民國六年出生，1917）認爲是王宮港、媽祖港、關帝港、南河港、安海港。亦有人認爲是王宮港、媽祖港、關帝港、南河港、安海港，范勝雄於《府城叢談》〔註28〕稱五條港爲安海港、南河港、北勢港、佛陀港、咾咕石港，成功大學建築系《臺南市三級古蹟景福祠調查研究及修復計畫》〔註29〕一書中所載之五條港爲安海港、南河港、北勢港、佛陀港、新港墘港（咾咕石港），安倍明義於《臺灣地名研究》〔註30〕一書所載爲新港（即新港墘港）、佛陀港、南河港、松仔腳港。此三種說法中，南勢港與北勢港其實爲同一條港道，位於南勢街與北勢街之間，故名稱有異，而松仔腳港則爲安海港的分汊。本文採用臺灣省文獻委員會出版之《臺南市市區史蹟調查報告書》一文中的說法。其五港形勢如下：〔註31〕

（一）**新港墘港**（咾咕石港）

在佛陀港之北，用以運輸水肥，故亦稱糞溝墘港，由城內區德慶溪順水而下至信義街，並有分汊咾咕石港至集福宮及兌悅門。此港道是五條港道最晚出現的，也是最遲淤積陸化的。由於道光三年（1823）臺江淤塞，使五條港區主要港道迅速淤淺，僅剩新港墘港道較深，成爲郊商船隻出入的主要港汊，後因同治三年（1864）安平對外開港通商，而港邊出現許多外商洋行及大樓。

（二）**佛頭港**（俗稱禿頭港）

首見於乾隆十七年（1752）王必昌《臺灣縣志》，亦有崛頭港、禿頭港之

〔註27〕呂順安，《臺南市鄉土史料》，南投：臺灣文獻委員會，1994年。
〔註28〕范勝雄，《府城叢談1》，臺南：日月出版社，1997年。
〔註29〕國立成功大學建築系，《臺南市三級古蹟景福祠調查研究及修復計畫》，臺南：臺南市政府，1997年。
〔註30〕安倍明義，《臺灣地名研究》，臺北：武陵出版社，1987。
〔註31〕洪敏麟，《臺南市市區史蹟調查報告書》，臺中：臺灣省文獻委員會，1977。

稱，為同音異字之異名。在南勢港之北，從鎮渡頭向西北轉東，順延永樂路南側直至景福祠，再由此分王宮港（通米街廣安宮）、媽祖港（通大天后宮）、關帝港（通開基武廟）。港道以運送福州杉木為大宗，故景福祠前的杉行街，是杉木集中堆放的街道。〔註32〕

（三）南勢港

為五條港之樞紐，以水仙宮前西延神農街，南斜貫協進國小東北隅至鎮渡頭，並有港汊通海安宮。港道入口附近的海安宮與盡頭處的水仙宮皆祀水神，並為三郊辦公之處。在光緒年間，南勢港在水仙宮一帶已淤積成陸，在馬子翊《臺陽雜興》：「水仙宮外盡成途，滄海揚塵信不誣。」〔註33〕此港因位於北勢街與南勢街之間，有時名南勢港，有時名北勢港。

（四）南河港

在南勢港之南，自鎮渡頭沿今和平街向東延伸，直至民權路大井頭附近，是五條港最早開發的港道。運輸貨物以南北雜貨、藥材為主。乾隆四年（1739）巡道鄂善建接官亭及風神廟於鎮渡頭旁，即南河港港道旁，故清時來臺官員均在此上岸。〔註34〕

（五）安海港

在南河港南，此港在六姓府附近分為三條支港，由北至南依序為松仔腳港、外新港、番薯港。番薯港是當時番薯、蔗糖的輸出港，故稱番薯港。〔註35〕

五條港區為臺江陸浮而形成，港道及港口海岸線西移，隨著新港道產生，而有不同的名稱出現，故說法紛紜，然而按道光三年（1823）後，五條港皆匯集於舊運河，若以匯於舊運河的下游港道而言，五條港指的則是新港墘港、佛頭港、南勢港、南河港、安海港。〔註36〕

〔註32〕許淑娟，《臺灣地名辭書——臺南市》，卷21，南投：臺灣省文獻委員會，1999，頁202。

〔註33〕馬子翊，《臺陽雜興》，收錄於《臺灣雜詠合刻》。《臺灣雜詠合刻》，臺灣文獻叢刊28種，臺北：大通書局，1995年，頁60。

〔註34〕許淑娟，《臺灣地名辭書——臺南市》，卷21，南投：臺灣省文獻委員會，1999，頁207～212。

〔註35〕洪敏麟，《臺南市市區史蹟調查報告書》，臺中：臺灣省文獻委員會，1977。頁19。

〔註36〕楊秀蘭，〈清代臺南府城五條港區的經濟與社會〉，臺北：國立臺灣師範大學歷史研究所碩士論文，2004年。頁36。

圖 8　五條港分布圖

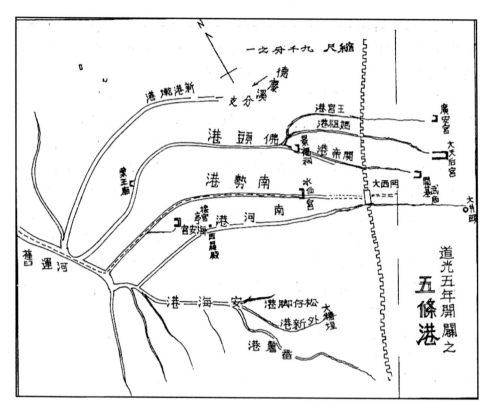

資料來源：洪敏麟，《臺南市市區史蹟調查報告書》，1977：38

　　再者，五條港的起源和發展，皆與廟宇有深厚的淵源，如每條港道的渡頭大多有座廟宇，如水仙宮（南勢港）、開山宮（外新港）、廣安宮（王宮港）、開基武廟（關帝港）、大天后宮（媽祖港）、沙淘宮（番薯港）。而沿著各港汊而興起的街市，亦散佈著許多廟宇，從這些廟宇的創建年代，或可一窺港道的興廢，及當時海岸線的變遷。〔註37〕

圖9　五條港街道及其寺廟分布圖

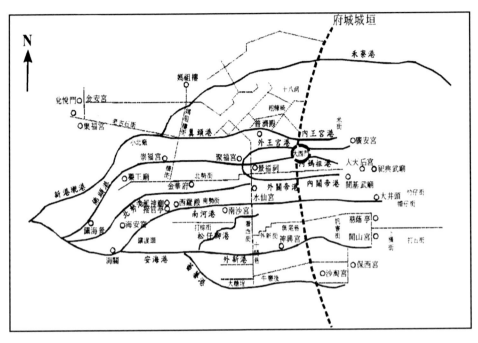

資料來源：許意苹，〈臺南市中西區空間演變與都市空間特色之研究〉，2005：69。

二、港區街市的發展

　　五條港區街市的發展是隨著臺江海退成陸而來，街道多是沿著港汊沿岸而發展的，故隨著港區的擴大，其街道亦會隨著增加擴大，集結成市。其所概括範圍爲當時城內的西定坊及西門城外（含部分鎮北坊），約爲今日臺南市中西區內。

　　五條港的街市最早是由大井頭延伸出來。在鄭氏以前，街市都在大井頭以東，後臺江海岸線自大井頭西移，清康熙時，大井頭周圍已出現市街，府城內共有四市十五街，屬西定坊有魚市、大井頭街、瀨口街、關帝廟前街（在大井頭北）、新街（界西定、寧南二坊），〔註38〕至康熙末年，市街有繼續增加，府城四坊共有四市二十二街，於西定坊有一魚市、新街、暗街、打篷街、大井頭街、舊南勢街、新南勢街、北勢街、新北勢街，其中出現四條街

〔註38〕高拱乾，《臺灣府志》，卷二〈規制志・市鎮〉，臺灣文獻叢刊第65種，臺北：大通書局，1995年，頁47。

屬於五條港區者爲：北勢街及新北勢街，舊南勢街及新南勢街。〔註 39〕此四條街是沿著南勢港兩岸形成的街道，故南勢港的港道可能在康熙末年已逐漸形成。

乾隆初年，鎭渡頭街已經出現，〔註 40〕而在西定坊街市與康熙末年時一樣，並未增加。乾隆十七年（1752），府城街市比之前大幅增加許多，府城共計有四十五條街，其中在西定坊與五條港區的街道有帽仔街、大井頭街、南濠街、看西街、新街（即魚市）、暗街、下橫街、武館街、水仙宮後街、南勢街、打棕街、鎭渡頭街、北勢街、佛頭港街，以及鎭北坊之媽祖港街、關帝港街、王宮港街、媽祖樓街、磚嘓石街〔註 41〕可見五條港區在乾隆年間快速形成。

嘉慶年間，府城的街市又比乾隆時期大爲增加，已有七十五條街道，在西定坊有二十四條街，另有城外二十條街。〔註 42〕至道光十年（1830）的《臺灣采訪冊》中所載府城街道已增至八十三條，但五條港區並無新增街道。〔註 43〕可見乾隆與嘉慶時期，府城與五條港的街市快速成長，而此時也是府城行郊陸續成立的時期，也表示五條港區的繁榮與興盛。五條港區的面貌至道光年間也已經大致成型，不過歷經咸、同，迄光緒年間，五條港區雖新增街市有：新興街、粗糠崎、下新街、仁和街、試經口街、中街等六條街道，〔註 44〕卻也顯示五條港區的發展已趨緩和了。

表二　清代臺南府城西定坊與五條港街道表

年　　代	西定坊及五條港區街道名稱	資料來源
康熙二十三年 （1684）	大井頭、瀨口街、新街	蔣毓英《臺灣府志》

〔註 39〕陳文達，《臺灣縣志》，卷二〈建置志・集市〉，臺灣文獻叢刊第 103 種，臺北：大通書局，1995 年，頁 90～92。

〔註 40〕劉良璧，《重修福建臺灣府志》，卷五〈城池・街市〉，臺灣文獻叢刊第 74 種，臺北：大通書局，1995 年，頁 83。

〔註 41〕王必昌，《重修臺灣縣志》，卷一〈疆域志・街市〉，臺灣文獻叢刊第 113 種，臺北：大通書局，1995 年，頁 29。

〔註 42〕謝金鑾，《續修臺灣縣志》，卷一〈地志・街里〉，臺灣文獻叢刊第 140 種，臺北：大通書局，1995 年，頁 9～10。

〔註 43〕陳國瑛，《臺灣采訪冊》，〈臺邑・街市〉，臺灣文獻叢刊第 55 種，臺北：大通書局，1995 年，頁 16～17。

〔註 44〕范勝雄，〈府城「西城」故事〉，《臺灣文獻》，第 43 卷第 4 期，1992，頁 149。

康熙三十六年 （1697）	魚市、大井頭街、瀨口街、關帝廟前街、新街		高拱乾，《臺灣府志》
康熙五十一年 （1720）	未增加		周元文《重修臺灣府志》
康熙五十九年 （1720）	魚市、新街、暗街、大井頭街、舊南勢街、新南勢街、北勢街、新北勢街		陳文達《臺灣縣志》
乾隆七年 （1742）	南勢街、北勢街、鎮渡頭街、大井頭街、魚市、暗街		劉良璧《重修福建臺灣府志》
乾隆十七年 （1752）	西定坊	帽仔街、大井頭、南濠街、看西街、新街（即魚市）、暗街、下橫街、武館街、水仙宮後街、南勢街、打棕街、鎮渡頭街、北勢街、佛頭港街	王必昌《重修臺灣縣志》
	鎮北坊	媽祖港街、關帝港街、王宮港街、媽祖樓街、礱𥴊石街	
乾隆二十九年 （1764）	未增加		余文儀《續修臺灣府志》
嘉慶十二年 （1807）	城內	武館街、十三舖、帽仔街、大井頭街、內南濠街（下橫街）、暗街、下打石街、做篾街、上新街、內新街、道口街、磚仔橋、二府口街、帆篷街、打棕街、關帝廟前街、縣口街、抽籤巷、米街、水仔尾街、內關帝港街、內媽祖港街、內王宮港街、土墼埕保	謝金鑾《續修臺灣縣志》
	城外	宮後街（西門外大街）、南勢街、北勢街、外上南濠街、下南濠街、外新街、看西街、外打棕街、鎮渡頭街、外關帝港街、外媽祖港街、外王宮港街、佛頭港街、崎嶇街、礱𥴊石街、金龍衛街、杉行街、福壽街、橫街仔、魚行街	
道光十年 （1830）	未增加		陳國瑛《臺灣采訪冊》

資料來源：表中所見諸方志

圖 10：荷據至光緒年間臺南府城街道發展示意圖

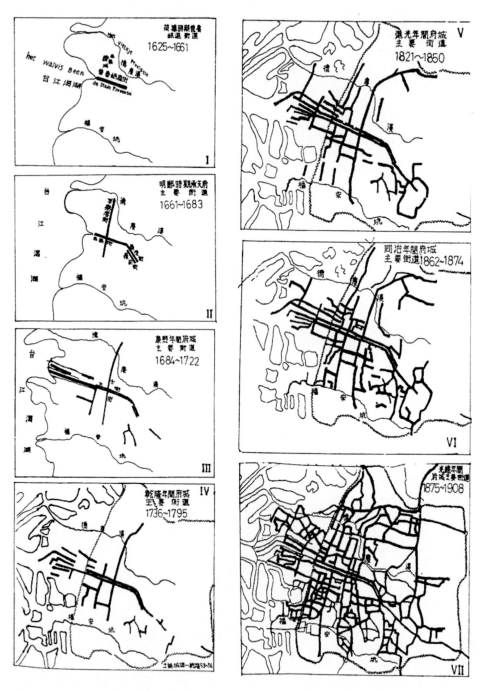

資料來源：洪敏麟，《臺南市市區史蹟調查報告書》，1977：62。

第三節　五條港對外貿易港口的變動

　　港口是內外交通之門戶，對政治、經濟、文化、軍事皆有深遠的影響。由於臺南海岸為臺灣地區海岸地形變化最為劇烈之處，故港口的位置亦隨之有所變動，一度為全臺之門戶。17 世紀（1600～1699），荷蘭人進入臺灣，選擇臺南做為貿易發展的根據地，即是因為有臺江內海此一天然大港口，以利於停泊商船。

一、大員港（荷據時期）

　　早在明末荷蘭人據臺以前，臺灣已有漢人來臺活動，與海盜、日本人、土著進行走私交易。在臺南海岸已有大員港的記載，明神宗萬曆三十年（1602）陳第〈東番記〉載：

> 東番夷人不知所自始，居彭湖外洋海島中：起魍港、加老灣，歷大
> 員、堯港、打狗嶼、小淡水、雙溪口、加哩林、沙巴里、大幫坑，
> 皆其居也。〔註45〕

可見在明末時已知有大員港。西元 1622 年（明熹宗天啓二年）荷蘭人到澎湖及臺灣南部尋找貿易根據地，荷人幾經勘察後，各地潮水滿潮時，雖見有港，惟退潮時即成淺灘，未見有比臺窩灣港更便利船隻進港之處，當時荷蘭司令官於評議會提出報告，其會議紀錄記載如下：

> 1622 年 8 月 1 日，經視察福爾摩沙島之南角及其他場所之司令官報
> 告稱：該場所均於我建城及作居住地不便，我大船均無法進入任何
> 港灣，我船舶向北接近時，由於強烈之潮流及淺灘，尤其季節風期，
> 易陷於危險。又最為便利之臺灣窩港灣其周圍僅見有沙丘及沙與極
> 少之灌木而已，但是灣內之深度當便利船舶之泊碇。〔註46〕

在荷人所載文獻，可見當時大員港雖不便於大船出入，但內港的臺江水深，卻有利船隻停泊，故決定以此地方作為荷蘭在臺之根據地。然而在短短的幾年內，荷人蘭發現大員港有日漸淤淺的現象，《巴達維亞城日記》1631 年 4 月 2 日載：

〔註45〕陳第，〈東番記〉，收錄於《閩海贈言》，臺灣文獻叢刊第 56 種，臺北：大通
　　　　書局，1995 年，頁 24。
〔註46〕村上直次郎日譯，郭輝中譯，《巴達維亞城日記》，臺北：臺灣省文獻委員，
　　　　1970 年，頁 12。

臺灣窩港口日漸淺狹，在稍前尚有 13 呎，而今則發現最深不過 11
呎。〔註47〕

綜合上述來看，大員港在明末及荷據時期，是臺灣西南海岸條件較為優越的
港口，而成為當時荷蘭人在海上貿易的重要據點，但是由於大員港的日漸淤
淺，故而至明鄭時為鹿耳門所取代。

二、鹿耳門（明鄭至清乾隆、嘉慶時期）

鹿耳門位於古北汕尾島的北隅，其地南隔大員港與一鯤鯓（今安平）相
鄰，北接北汕群島，西濱臺灣海峽，東隔臺江內海與赤崁相望。在北汕尾島
與其北方沙汕諸小島所形成的水道，即為鹿耳門溝，由這條水道與臺江內海
相通的海港為鹿耳門港。自鄭氏入臺後，鹿耳門港取代大員港，成為全臺對
外門戶。明延平王戶官楊英《從征實錄》載：

> （永曆十五年）四月初一日黎明，藩坐駕船即至臺灣外沙線，各
> 船魚貫絡繹亦至。辰時天亮，即到鹿耳門線外。本藩隨下小哨，
> 縣（由）鹿耳門先登岸，踏勘營地。午後，大船齊進鹿耳門。先
> 時此港頗淺，大船俱無出入，是日水漲數尺，我舟極大者亦無□
> □，□天意默助也。是晚，我舟齊到，泊禾寮港，登岸，札營近
> 街坊梨□□□□□□□鎮督虎衛將坐銃船札鹿耳門，□□水師甲
> 板，並防北線尾。〔註48〕

當鄭成功軍隊由鹿耳門入臺江，此時大員港應是更為淺狹，以後逐漸為漂沙
所淤塞，故而轉以鹿耳門為港口。

清康熙三十五年（1696）高拱乾《臺灣府志》：

> 縣治西至於海，曰鹿耳門，在臺灣港口。形如鹿耳，分列兩旁：中
> 有港門，鎮鎖水口。凡來灣之舟，皆從此入，泊舟港內。其港門甚
> 隘，又有沙線：行舟者皆以浮木植標誌之，曰北線尾，在鹿耳門南，
> 與鹿耳門接壤。其南，即安平鎮也。離安平鎮末上里許，中有一港，
> 名大港，紅毛時甚深，夾板船從此出入，今淺。〔註49〕

〔註47〕村上直次郎日譯，郭輝中譯，《巴達維亞城日記》，臺北：臺灣省文獻委員，
1970 年，頁 69。

〔註48〕楊英，《從征實錄》，臺灣文獻叢刊第 32 種，臺北：大通書局，1995 年，頁
186。

〔註49〕高拱乾，《臺灣府志》，卷一〈封域志‧山川（附海道）〉，臺灣文獻叢刊第 65

康熙三十六年（1697）郁永河《裨海紀遊》：

> 望鹿耳門，是兩岸沙角環合處：門廣里許，視之無甚奇險，門內轉
> 大。有鎮道海防盤詰出入，舟人下椗候驗。……蓋鹿耳門內浩瀚之
> 勢，不異大海；其下實皆淺沙，若深水可行舟處，不過一線，而又
> 左右盤曲，非素熟水道者，不敢輕入，所以稱險。〔註50〕

又同郁永河《裨海紀遊》續記：

> 大港在鹿耳門之南，今已久淤，不通舟楫。〔註51〕

入清後，康熙二十三年（1684），僅開鹿耳門為正口與廈門對渡，至乾隆四十
九年（1784）開放鹿港與蚶江對渡前，鹿耳門是唯一進出臺灣的正口，凡從
廈門來臺大商船及臺屬的小商船，均須由此進出，並設關口盤驗。而大員港
在康熙初年時已淤淺，鹿耳門取而代之，成為臺灣首要港口。

　　從上述引文中，亦可發現鹿耳門港道形勢險峻，出入危險，於王必昌《重
修臺灣縣志》亦載：

> 鹿耳門港在臺江西北。水底沙線若鐵板，縱橫布列，舟誤犯之，則
> 立碎。港路窄狹，僅容兩艘。其淺處若戶限，然潮長時，水可丈四、
> 五尺，潮退不能一丈。進港須懸后舵，以防抵觸。其紆折處，必探
> 視深淺，盤辟而行。最險者曰南北二礁，插竹立標，南白北黑，名
> 為盪纓。原設五桿，比歲沙線消長變易，乾隆十三年添設為十三桿
> 以便出入趨避。每風日晴和，眾舟魚貫而進，雲帆連綴，邑治望之，
> 如秋雁之排遠空。〔註52〕

除了《重修臺灣縣志》，在謝金鑾《續修臺灣縣志》〔註53〕亦有所記載鹿耳門
港形勢的危險，及行船的不易。

　　　種，臺北：大通書局，1995 年，頁 10。
〔註50〕郁永河，《裨海紀遊》，臺灣文獻叢刊第 44 種，臺北：大通書局，1995 年，頁 8。
〔註51〕郁永河，《裨海紀遊》，臺灣文獻叢刊第 44 種，臺北：大通書局，1995 年，
　　　頁 10。
〔註52〕王必昌，《重修臺灣縣志》，卷二〈山水志・溪港潭陂〉，臺灣文獻叢刊第 113
　　　種，臺北：大通書局，1995 年，頁 35～36。
〔註53〕「鹿耳門港：……水底皆沙，縱橫布列，舟不可犯，就其稍深處覓港出入。
　　　港路窄狹，僅容兩艘。潮長時水可丈四五尺，潮退時不能一丈，舟懸後舵而
　　　進。其紆折處，必探視深淺，盤辟而行，而沙水相盪，深淺又時變易，必插
　　　竹標以識，南白北黑，名曰盪纓（初設五桿，後增設十三桿）」。謝金鑾，《續
　　　修臺灣縣志》，卷一〈地志・山水（附勝蹟）〉，臺灣文獻叢刊第 140 種，臺北：
　　　大通書局，1995 年，頁 25。

　　由於鹿耳門是唯一臺灣與廈門對渡的正港，舉凡官兵的往來、運餉的配渡、貨物的運送，均須由鹿耳門出入，故鹿耳門實爲郡治之咽喉，全臺之門戶，也使得府城成爲最大的商業集散中心，其繁榮熱鬧可想而知。直至乾隆四十九年（1784）開放鹿港與蚶江對渡，五十三年（1788）開放八里坌與五虎門對渡，才由鹿耳門一口對渡轉變爲三口配運。

　　然天有不測風雲，道光三年（1823）臺南大風雨後，鹿耳門內，海沙驟長，變爲陸地，往昔爲臺灣之咽喉的鹿耳門，一夕之間頓成廢口。

三、四草湖、國賽港、安平大港（道光至同治、光緒年間）

　　臺江內海因道光三年（1823）七月大風雨，山洪暴發，使曾文溪改道，故淤沙成陸，而鹿耳門首當其衝，一夕之間竟成廢口，至此臺江已完全失去自然港灣的功能，而環海的沙洲也與海埔新生地連成一體。歷經此次的大風雨所引起的河流大改道，臺江已水涸沙高，變成陸埔，僅留安平、四草間及鹽埕、下鯤鯓間較大的遺跡湖，與許多小沼澤。

　　之後又因防夷，填塞海口，及安平漸次沙漲，直連大西門郭外，臺江內海南部也淤積成陸，至道光二十二年（1842），安平至府城間已連成陸。姚瑩《東槎紀略》載：「昔時郡內三郊商貨，接用小船由內海駁運至鹿耳門，今則轉由安平大港外始能出入。」〔註54〕可知府城對外貿易航道已經改變。

　　道光二十年（1840）姚瑩在〈臺灣十七口設防圖說狀〉載：

> 安平大港口：臺灣府西城外，即系內海，外有南北沙汕二道，橫互百餘里，攔截大洋，爲郡城外護。安平即南汕之首也，與府城相望，……安平舊有紅毛城，已傾圮。其下正臨大港，水深不過一丈。港外稍西即四草，商貨入口仍易。小船、南北兩路六、七百石貨船，亦由大港出入。即北去二十里之郭賽港，近雖可泊商艘，若至郡城，亦必易小船，由安平內港而行。……四草海口：四草與安平斜隔大港，即北汕之首也。其外水勢寬深，臺灣大商船自內地來，皆停泊於此。俗名四草湖。遙望安平，約十里，……鹿耳門：鹿耳門距四草不及五里，在昔號天險，自道光三年淤塞，今口已廢，水深不過數尺，小船亦難出入。……郭賽港：在鹿耳門北十里，爲臺、嘉二

〔註54〕姚瑩，《東槎紀略》，卷一〈籌建鹿耳門砲台〉，臺灣文獻叢刊第7種，臺北：大通書局，1995年，頁31。

縣交界之所，本即北汕，爲水衝成港。口門頗深，近年大商艘多收

泊於此。水底沈汕蜿蜒，非熟習水道者，不能輕入。……然商船亦

不能進至安平。〔註55〕

由上文可知當時安平大港、四草湖、鹿耳門、國賽港的狀況。鹿耳門自道光

三年（1823）淤塞後，港口已廢。安平大港水深不過一丈，僅小船及六、七

百石貨船可以出入，而四草湖外因水勢寬深，所以自內地而來的大商船皆停

泊於此。國賽港在鹿耳門北邊沿海的汕嶼，臺、嘉二縣交界處（約在今七股

溪與三股溪之間），其港口條件優越，可供來臺大商船停泊，然距府城距離

甚遠，且商船亦不能進至安平。爲此，臺南三郊遂集資開鑿連結四草湖與國

賽港的竹筏港，再開鑿由四草湖至五條港的舊運河。

　　同治三年（1864），安平對外開港，作爲對外貿易的通商口岸，由於安平

不能泊大船，故洋船多泊於四草湖，所以實際開放的港口爲四草湖，《臺灣府

輿圖纂要》載：

四草嶼：在鹿耳門嶼之末，迤南與安平對峙，出安平大港，即四草

湖：冬春可以繫舟。南爲公界仔，洋船泊此通商〔註56〕

又光緒五年（1879）夏獻綸《臺灣輿圖》載：

縣西十里，濱臨大海，有市鎮曰安平。前阻汪洋，非船莫渡；今已

積沙成地，建造輿梁。昔之隙仔港，即今之洲仔尾：在鹿耳門北，

距縣治十五里。前可泊巨舟百餘艘，今復淤爲陸地。所謂滄海桑田

者，非歟？同治十三年，海氣不靖，始議於安平之三鯤身，倣造西

洋砲臺。郡港無內澳，鹿耳門昔可容巨舟出入，今已淤淺，改泊四

草湖。安平巨浪滔天，夏秋尤劇，俗名曰湧：不風而波，排擊掀翻，

響聞數十里。〔註57〕

四草湖一帶，因海岸地形變化，時有漂沙淤積，加以位於鹽水溪口，一旦大

雨，洪水常挾帶沙土而下，在港口受風浪、海流所阻，沈積爲細長沙洲，致

使港口與航道位置變化不定。日治時期，明治三十九年（清光緒 32 年，

〔註55〕姚瑩，〈臺灣十七口設防圖說狀〉，《中復堂選集》，臺灣文獻叢刊第83種，臺
　　　　北：大通書局，1995年，頁76～78。

〔註56〕葉宗元，《臺灣府輿圖纂要》，〈臺灣府輿圖冊・山水〉，臺灣文獻叢刊第 181
　　　　種，臺北：大通書局，1995 年，頁 22。

〔註57〕夏獻綸，《臺灣輿圖》，〈臺灣縣輿圖說略〉，臺灣文獻叢刊第 45 種，臺北：大
　　　　通書局，1995 年，頁 8～9。

1906），四草湖一帶因暴風雨一度淤塞，雖經疏濬後，得通小船，但港口價值從此漸失，日人於是勘查新港口，先於大正十一年（1922）開闢新運河，建造新船渠。又於昭和六年（1931）選定安平新港位置，嗣於昭和十年（1935）開闢新港口，連接新運河，從此安平港取代四草湖、安平大港爲臺南的新港口。〔註58〕

〔註58〕范勝雄，〈三百年來臺南港口之變遷〉，《臺灣文獻》，第 29 卷第 1 期，1978年，頁 46。

第三章　臺南三郊與五條港的發展

　　臺灣憑藉著優良的地理位置和環境，經濟農業一向發達，並利用航運之便，使島內商業互相往來，同時與島外市場相互連接，提供農商發展的優良基礎，對臺灣的商業與經濟發展有極大的促進作用。臺灣的經濟體系，起自明末清初的漢人移入，當時臺灣是爲初開發地區，故島內手工業和日常製品，皆需仰賴大陸的輸入，尤其是福建的漳州、泉州的供應。而臺灣所生產的米、糖則輸入大陸，以提供所需，形成了臺灣與中國的區域分工。[註1] 更因而促使臺灣商業與貿易的發展與興盛，大陸商人移駐臺灣，在臺灣各港埠經營貨物的輸出入，並組織成一商業集團——「郊」。

第一節　臺南三郊的形成、組織與沿革

　　臺灣的「郊」，又曰「行郊」，亦作「郊行」，其組織與中國的工商行會類似。中國古時商業團體之稱謂有會館、公所、公會，甚或單稱爲幫者，惟「郊」之稱，僅見於閩南，如廈門之洋郊、北郊、茶郊……等，以臺灣最盛。其特異之處則在其兼具地緣性、宗教性、業緣性與血緣性。[註2]

　　據《臺灣省通志》所載：

> 所謂「行郊」，「行」即商行；「郊」之意義比較複雜，「郊」係由作
> 同一地區之商賈，或同一行業，設幫會、訂規約，藉以維繫互相情
> 誼、共同利益及謀該項商業之發展，並對某種公共事業盡力扶持，

───────────────────
〔註1〕林滿紅，《茶、糖、樟腦業與臺灣之社會經濟變遷（1860～1895）》，臺北：聯
　　　經出版社，1997年，頁9。
〔註2〕卓克華，《清代臺灣的商戰集團》，臺北：臺原出版社，1990年。頁24。

或俾仲裁商人之間糾紛，對於商情之困苦，則稟請官衙，使能溝通，並且辦理有關酬神祭典等或施地方公益事。所以郊之組織，實爲商會之雛形，總商會則爲會館。……可知行郊者，是薹貨批發之集散商行結盟，而與現之商業同業公會相垺，或作同一方向地區輸入商業公會同義，因其港口初成市集於郊野爲埠，而統稱之爲行郊，郊之聯合辦公處則稱爲會館，……或有稱公所者。〔註3〕

簡而言之，「郊」是一種商人爲共同的利益和商業的發展而組織的團體。由大陸各港埠之商賈，辦理、採買輸入臺灣所需的資材及雜貨等，而分類批發與各地割店以及文市，又由臺灣採購各種產品，集中後出口，售與大陸各港埠商賈。此外尚有「九八行」之稱，即由受委託銷售貨品所得之款額，抽其百分之二爲仲錢，故稱「九八行」。〔註4〕

臺南爲臺灣最早開闢的地區，清領臺後，鹿耳門爲臺灣與大陸交通唯一正口，赴大陸貿易之船隻皆須取道鹿耳門，故商業繁盛，遂發展成立大商業團體，即著名之臺南三郊，嗣後道光年間復有其他行郊成立，一時種類繁多，冠稱全臺。〔註5〕而臺南的郊行，在資料上遠比店舖爲多，尤其是北郊蘇萬利、南郊金永順、糖郊李勝興等的歷史，因在日治時期，有前清舉人蔡國琳、史家連雅堂的陳述，以及在碑碣上，郊的資料比行舖多，故臺南的行郊歷史會比店舖來的清楚。這些專事聚貨再分售的貿易集團，行址和倉庫多在大西門外的西郊五條港區。〔註6〕

府城的郊起源於何時，現已不可考，較有名的郊爲三郊（北郊、南郊、糖郊），除三郊之外，尚有許多小郊，如生藥郊、煙籤郊金合順、藥材郊、絲線郊、茶郊、草花郊、杉郊、布郊瑞興、綢緞郊金義成、綢緞布郊、鑣郊、紙郊鍾金玉、籤郊金義利、布郊金錦發、盌郊、芙蓉郊金協順、藥郊金慶星、綢布郊金義興、香舖郊芳義和等，其中以三郊的財力和影響力最大最。〔註7〕

〔註3〕 臺灣省文獻委員會，《臺灣省通志》卷4經濟志商業篇，臺北：臺灣省文獻委員會，1970年，頁15。

〔註4〕 臺灣省文獻委員會，《臺灣省通志》卷4經濟志商業篇，臺北：臺灣省文獻委員會，1970年，頁2。

〔註5〕 卓克華，《清代臺灣的商戰集團》，臺北：臺原出版社，1990年。頁90。

〔註6〕 石萬壽，〈臺南府城的行郊特產點心〉，《臺灣文獻》，第31卷第4期，1980年，頁76。

〔註7〕 石萬壽，〈臺南府城的行郊特產點心〉，《臺灣文獻》，第31卷第4期，1980年，頁77。

　　臺南三郊的起始年代，因早期史料中並無記載，而無法得知，現有史料則以日治時期的《臺灣私法第三卷附錄參考書》所記載的雍正三年（1725）爲最早。《臺灣私法商事編》：

> 郊者，商會之名也。曰三郊，則臺南之大西門城外北郊、南郊、港郊之總名目也。鄭氏來臺，漳、泉之民人附島寄居，蓋以此爲營商之始。康熙二十二年入清版圖，商業日興，人數來集。雍正三年，入臺交易，以蘇萬利、金永順、李勝興爲始。〔註8〕

然文中指臺南三郊爲北郊、南郊、港郊，是有誤的。在方豪〈臺南之郊〉〔註9〕一文指出，港郊應爲糖郊之誤，這點可由清代的碑文中獲得印證。在劉家謀〈海音詩〉後註：商户曰「郊」；南郊、北郊、糖郊曰「三郊」。〔註10〕可見三郊爲北郊、南郊、糖郊。

　　然三郊並非同時出現，就現存文獻而言，臺南三郊最早出現者爲北郊。乾隆二十八年（1763）以北郊蘇萬利名義出資負責粧修水仙宮神像。〔註11〕乾隆三十七年（1772）出現南郊金永順，與北郊蘇萬利捐款重修縣捕廳衙署。〔註12〕乾隆四十五年（1780）糖郊李勝興與北郊、南郊一同出現，出資整修孔廟明倫堂。〔註13〕乾隆末年三大郊爲求共同利益，在水仙宮三益堂設聯絡辦事處，負責處理三大郊所屬各商號的共同商務，仲裁各店號間的糾紛。嘉慶元年（1796）三大郊正式合稱三郊，〔註14〕並以三郊蘇萬利、金永順、李勝興之名義對外行文。〔註15〕

〔註8〕《臺灣私法商事篇》，臺灣文獻叢刊第91種，臺北：大通書局，1995年，頁11。

〔註9〕方豪，〈臺南之「郊」〉，《大陸雜誌》，第44卷第4期，1972年4月，頁1～23。

〔註10〕劉家謀，〈海音詩〉，收錄於《臺灣雜詠合刻》。《臺灣雜詠合刻》，臺灣文獻叢刊第28種，臺北：大通書局，1995年，頁20。

〔註11〕見乾隆三十年（1765）〈水仙宮清界碑記〉。《臺灣南部碑文集成》，〈水仙宮清界碑記〉，臺灣文獻叢刊第218種，臺北：大通書局，1995年，頁69。

〔註12〕見乾隆三十七年（1772）〈修建臺灣縣捕廳衙署記殘碑〉。《臺灣南部碑文集成》，〈修建臺灣縣捕廳衙署記殘碑〉，臺灣文獻叢刊第218種，臺北：大通書局，1995年，頁91。

〔註13〕見乾隆四十五年（1780）〈重修臺灣府學明倫堂碑記〉。《臺灣南部碑文集成》，〈重修臺灣府學明倫堂碑記〉，臺灣文獻叢刊第218種，臺北：大通書局，1995年，頁124。

〔註14〕見嘉慶元年（1796）〈新修海靖寺殘碑〉。《臺灣南部碑文集成》，〈新修海靖寺殘碑〉，臺灣文獻叢刊第218種，臺北：大通書局，1995年，頁547。

〔註15〕石萬壽，〈臺南府城的行郊特產點心〉，《臺灣文獻》，第31卷第4期，1980

　　三郊的貿易市場各不相同，進出口貨物的內容也互異。其中三郊以北郊蘇萬利爲首，從事臺灣與上海、寧波、天津、煙臺、牛莊等處貿易，專司藥材、絲綢、南北貨等輸入，郊中有二十餘號營商。南郊則推金永順爲首，專與金門、廈門、漳州、泉州、香港、汕頭等處貿易，專辦煙、絲、瓷器、磚瓦等貨物，郊中有三十餘號營商。糖郊熟悉於臺灣各港採糶，如東港、旗後、五條港、基隆、鹽水港、樸仔腳、滬尾等地，主要從事糖、米、豆、麻等出口與配運，郊中有五十餘號營商，以李勝興爲首。〔註16〕

表三　臺南三郊輸出入貨品表

配運輕儎、重儎什貨如下：重儎者自臺灣出港、輕儎者自大陸出港

北郊	輸出重儎	白糖、福肉、薑黃、樟腦
	輸入輕儎	寧波綢緞、上海縐紗、蘇杭絲帶、四川藥材、浙紹籤貨、中莊膏藥、火腿、江西紡葛、寧波紫花布、上海哖吶、香港大、小塗、天津棉花什物
南郊	輸出重儎	芋、豆、麻、菁子、米、笋幹、青糖、魚膠、魚翅膠、豆粞
	輸入輕儎	漳州生原煙、泉州棉布、龍岩州紙類、福州杉木、香港洋布什貨、廈門藥材磁器、永寧葛布、汀州條絲煙、漳州絲線、深滬鹽魚、浦南什貨、香港哖吶、廣東什貨、泉州磚瓦石
糖郊	輸出重儎	漳州豆粞、泉州豆粞、紙（本地）、米（本地）、青糖（本地行郊）、笋幹（香港）、菁子（泉州）、麥（本地）
	輸入輕儎	豆粞、豆、紙（嘉義）、米、青糖、笋幹、菁子、麥、麻

資料來源：《臺灣私法商事編》，1995：14

　　三郊除處理三郊商務外，亦參與許多公共事務，如修建寺廟、橋樑、街道等，並於動亂時，爲保全生命財產，組織義民，募集團練，參與府城的防衛與維持治安。由於三郊爲從事海上貿易的關係，爲祈求航海時一帆風順，多供俸航海守護神媽祖、風神、水仙等神，若遇供俸媽祖、水仙的廟宇整修時，各郊皆踴躍捐輸，而且三郊負責城內大天后宮、五條港區的水仙宮、海安宮和鹿耳門天后宮等四座廟宇之日常開銷，例由三郊支持。〔註17〕

　　有關三郊經費主要來源有三：一是在祀神生日，或中元、玉皇上帝誕辰等宗教節日慶典時，由所屬各店號捐款，作爲三郊平日經費的來源。二是各

年，頁77。

〔註16〕《臺灣私法商事編》，臺灣文獻叢刊第91種，臺北：大通書局，1995年，頁11。
〔註17〕石萬壽，〈臺南府城的行郊特產點心〉，《臺灣文獻》第31卷第4期，頁77。

商號捐金購屋作公產後，所收的孳息，是爲三郊的基本收入。三爲三郊所屬各商號，以及三郊所負責疏濬五條港區各停泊船隻的貨物，依每糖一簍，捐金一尖，每貨一捆，捐金一尖的比例作公款，此爲三郊最大的一筆收入，也是三郊從事公益事務最大的財務來源。〔註18〕

表四　臺南三郊經費表

名　　目	金　數	理　　　由
歲入款		
捐金徵收額	五千餘元	光緒十六年（1890）廢止。
田園店家徵收額	二十餘元	（按：二十疑爲一千餘元之誤）
歲出款		
神福宴會費	一千二百元	三郊媽三座，每年神誕慶賀宴會一次，約四百餘元。
雇人薪水額	一百八十餘元	三郊先生原年金一百金，改爲一百二十元。局丁薪水六十元。
開滬土費額	一百餘元	年開港一次，由公報支銷，其有不足者，各商捐金充補。
生息款納利額	三百元	東海書院借母二千五百元，年應納官衙生息之款。
三益堂紙箚茶炭額	一百餘元	
鹿耳門普渡額	二百餘元	
舼仔普渡額	二百餘元	
官衙應酬費	臨時捐金	原由出入港貨件捐金抽釐項下支銷，自捐金停止，由臨時捐金濟用。
地方公事接濟費	臨時捐金	同上。

資料來源：《臺灣私法商事編》，1995：15

傳統上，郊是由多數爐下（或爐腳、爐丁）所組成的，執掌該郊事務者爲爐主，又有董事一職，爐主係專責辦理祭祀事宜，董事則執掌經常會務，時或以爐主兼掌董事之職。其組織龐大時，便得僱用辦事員，如稿師（爲各郊公事主稿行文，似今之祕書）、大斫（爲各郊收稅收緣，並公事之執行，似今之總幹事）、局丁（處理雜務供使喚，似今之工友）等；或臨祭典繁忙期，則由正副籤首（亦作簽首）予以協助掌理郊務。惟有關郊行之重要事宜，平

〔註18〕石萬壽，〈臺南府城的行郊特產點心〉，《臺灣文獻》第31卷第4期，頁77。

時爲幾家大行商所把持，除非有重大事件，臨時召集諸會員商討外，否則於每年崇奉媽祖誕辰（農曆三月二十三日），或水仙王誕辰（農曆五月五日），眾會員均須出席祭拜聚餐，爐主於聚餐時將一年來之收支詳細報告，會員有意見也於此時提出，其形式頗似今日社團大會。〔註 19〕

臺南三郊在董事人選和其他行郊一樣，舉財力雄厚、熱心公益的人出任董事，也有由各候選人在媽祖神像前擲筊，來決定當選名單。特別的是，三郊爲全府城郊商的領袖，故規定必須帶有九品以上職銜的商店頭家，也就是有「職員」頭銜的人士，才有被選爲董事的資格。〔註 20〕在董事下有稿師、大斫、爐主各一人，並有辦事員、苦力等人。稿師爲三郊的祕書長，專爲處理三郊往來之文書及日常事務。大斫爲三郊的總幹事，負責執行公事，策劃並收繳、攤派各種款項及捐金事宜。爐主由郊中各店號俟次輪值一年，負責公款收支。辦事員爲協助稿師、大斫處理事務。

圖 11　行郊組織結構圖

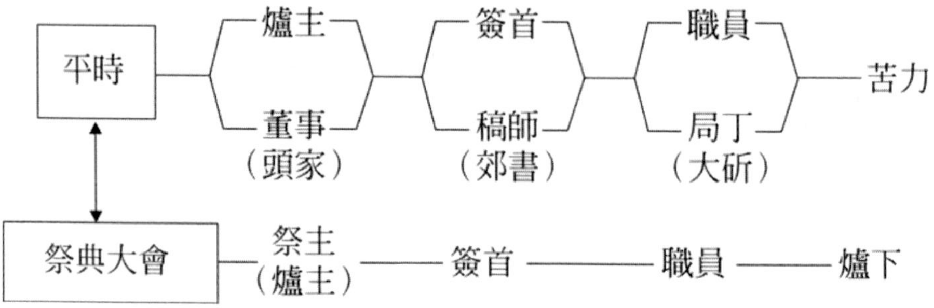

資料來源：卓克華，《清代臺灣的商戰集團》，1990：64

　　嘉慶十二年（1807），僅存三郊公戳，而董事則有陳啓良、郭拔萃、洪秀文。道光二年（1822）設籤輪值，值籤者爲大籤，如石鼎美、林裕發、蔡振益、陳興泰、東源號、益瑞號。同治元年（1862），大籤合行輪值，月當一次，則有陳興泰、尤崇德、黃謙記、福人號、成記號、宜記號、鼎源益、黃源、泰錦豐、陳邦記、王德記、林裕發、益瑞號。光緒五年（1879），每月值大籤者三人，以郊商二十餘號按月輪流，如福人號、利源號、成記號、王承裕、森泰號、景祥泰、泉升源、義發號、晉太號、震源興、郭金源、尤

〔註 19〕卓克華，《清代臺灣的商戰集團》，臺北：臺原出版社，1990 年。頁 58～59。
〔註 20〕石萬壽，〈臺南府城的行郊特產點心〉，《臺灣文獻》第 31 卷第 4 期，頁 77。

崇德、美打號、德記號、怡記號、金潑利、鼎源益、吉春號、寶順號、晉豐寬號、和昌、源太號、順成號、瑞記號、振美號、瑞珠號、東昌號。〔註21〕

　　光緒十六年（1890），公款日絀，貿易日少，所以繼起者無幹員也，光緒二十一年（1895），歸入日本版圖，漳、泉各大商諸業停止，歸回本土。目下商民零落無幾，所以輪值三郊公事，惟吳瑞記暫主其權，而二、三郊行共參之。〔註22〕

　　自清以來，府城行郊主佔了臺灣對大陸的貿易，尤其至乾、嘉時期，大陸移民大量湧入臺灣，臺灣的農業生產力與內需大增，於是三郊累積了巨大資金，郊內各號因此致富，而此時亦是三郊的鼎盛之時。因而臺灣有「一府二鹿三艋舺」之俚語。

第二節　三郊與府城的商業經濟

　　臺灣經濟的發展，深受土地資源及地理環境的影響。以地理環境而言，開發順序上先以河口港岸為主，再延河向兩岸發展，又因河川縱橫，地區之間多有阻隔，陸路交通反較水路不便。

　　臺南府城是臺灣最早開發的地區。由於府城城外的臺江因泊船條件甚佳，在清廷領臺初期，已是市鎮規模最大、人口最多的城市，府城遂成為全臺政治、經濟中心。清廷並以鹿耳門作為全臺唯一出入門戶的正口，與廈門對渡。當時臺灣南北二路各廳縣之物資必須皆從城鄉運至沿海港口，再用杉板、膨仔等小船由沿海運至鹿耳門內，改裝橫洋大船轉運至廈門；由廈門來的大商船及往鳳山、諸羅、彰化、淡水各地貿易的臺屬小船，皆須由鹿耳門出入，故府城因而成為全臺商貿的集散地。

〔註21〕《臺灣私法商事篇》，臺灣文獻叢刊第91種，臺北：大通書局，1995年，頁16。

〔註22〕《臺灣私法商事篇》，臺灣文獻叢刊第91種，臺北：大通書局，1995年，頁13。

圖12　府城行郊之交通運輸關係圖

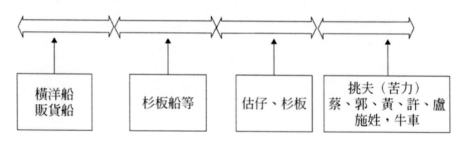

廈門等地 ↔ 鹿耳門安平大港 ↔ 台江內海 ↔ 府城五條港區 ↔ 府城各市街

| 橫洋船
販貨船 | 杉板船等 | 估仔、杉板 | 挑夫（苦力）
蔡、郭、黃、許、盧
施姓，牛車 |

資料來源：吳秉聲，〈一個港區空間面貌的呈現——以清領時期「臺灣府城五條港區」為例〉，1998：19

　　隨著人口不斷移入增加，各種生活物資的需求亦相對增加，因而促使貿易更加發達。康熙三十六年（1697）郁永河《裨海紀遊》描寫當時府城富庶的景象：

> 臺郡獨似富庶，市中百物價倍，購者無吝色，貿易之肆，期約不愆；傭人計日百錢，趑趄不應召；屠兒牧豎，腰纏常數十金，每遇摴蒱，浪棄一擲間，意不甚惜；余頗怪之。因留臺久，始得其故。茲地自鄭氏割據至今，民間積貯有年矣。王師克臺，倒戈歸誠，不煩攻圍，不經焚掠。……又植蔗為糖，歲產五六十萬，商舶購之，以貿日本、呂宋諸國。又米、穀、麻、豆、鹿皮、鹿脯，運之四方者十餘萬。〔註23〕

　　至康熙末年，臺灣開發已有相當成果，戶口激增，墾地日廣，移民生產能力暨消費需求已大量提高，工商百業隨之蔚起，自給自足的經濟型態已無法滿足民眾需求，於是有郊行從事販運。

　　商船之販貨，率多土產，以米、糖及染料為大宗。《續修臺灣縣志》載：

> 貨：糖為最，油次之。糖出於蔗，油出於落花生，其渣粕且厚值。商船貿販以是二者為重利。靛菁盛產而佳，薯榔肥大如芋魁，故包布甲於天下。水藤出內山，長條遠蔓跨山嶺，採者得一莖，窮其本，

〔註23〕郁永河，《裨海紀遊》，臺灣文獻叢刊第44種，臺北：大通書局，1995年，頁30。

即可數百觔。麋鹿、獐皮，皆邑產，今少有焉。〔註24〕

《續修臺灣縣志》修於嘉慶十二年（1807），其前後之臺灣諸方志所記販運貨屬，雖略有增刪，亦不外乎上引諸項。

而商船輸入之貨品，有大陸各地之土產，則以民生用品為主，《赤崁筆談》記載：

> 海船多漳、泉商賈，貿易於漳州，則載絲線、漳紗、翦絨、紙料、煙、布、草席、磚瓦、小杉料、鼎鐺、雨傘、柑、柚、青果、橘餅、柿餅。泉州則載磁器、紙張。興化則載杉板、磚瓦。福州則載大小杉料、乾筍、香菇。建寧則載茶。回時載米、麥、菽、豆、黑白糖、錫、番薯、鹿肉售於廈門諸海口，或載糖、靛、魚翅至上海。小艇撥運姑蘇行市，船回則載布匹、紗緞、梟綿、涼暖帽子、牛油、金腿、包酒、惠泉酒。至浙江則載綾羅、綿綢、縐紗、湖帕、絨線。寧波則載綿花、草席。至山東販賣粗細碗碟、杉枋、糖、紙、胡椒、蘇木；回日則載白蠟、紫草、藥材、蠶綢、麥、豆、鹽、肉、紅棗、核桃、柿餅。關東販賣烏茶、黃茶、綢緞、布匹、碗、紙、糖、麵、胡椒、蘇木；回日則載藥材、瓜子、松子、榛子、海參、銀魚、蟶乾。海壖彈丸，商旅輻輳，器物流通，實有資於內地。〔註25〕

由於府城居於全臺貿易樞紐之地位，自然成為臺灣的工商業中心。於是萬商雲集、工坊林立、市街繁榮，商店、工坊獲利日豐，商人資本額增加，工商店鋪的組織日漸擴大，商號之間為運輸、銷售、生產及聯絡感情之便，逐漸形成有組織的集團。〔註26〕康熙五十七年（1718），府城進出口貿易商人集資，重建位於臺江岸邊的水仙宮。〔註27〕《臺灣縣志》載：

> 水仙宮：開闢後鄉人同建，卑隘淺狹。康熙五十七年，飲金改建，雕花繢木，華麗甲於諸廟。〔註28〕

〔註24〕謝金鑾，《續修臺灣縣志》，卷一〈地志・物產〉，臺灣文獻叢刊第140種，臺北：大通書局，1995年，頁52。

〔註25〕黃叔璥，《臺海使槎錄》，卷二〈赤崁筆談・商販〉，臺灣文獻叢刊第4種，臺北：大通書局，1995年，頁47～48。

〔註26〕石萬壽，〈臺南府城的行郊特產點心〉，《臺灣文獻》第31卷第4期，頁71。

〔註27〕洪敏麟，《臺南市市區史蹟調查報告書》，臺中：臺灣省文獻委員會，1977。頁159。

〔註28〕陳文達，《臺灣縣志》，〈雜記志九・寺廟〉，臺灣文獻叢刊第103種，臺北：大通書局，1995年，頁211。

可見水仙宮是為當時府城號稱最為華麗之寺廟，亦顯示當時府城貿易的興盛，商人財力的富足。

乾隆初期，府城商業鼎盛，大陸商船大都聚集於此。乾隆二十年代（1755～1764），專事聚貨分售的貿易集團北郊蘇萬利出現，其後又陸續出現南郊李勝興、糖郊金永順，後合稱為三郊。這些郊商主要從事大宗買賣，收集南北土貨輸至大陸，並轉載日用雜貨或其他特產回臺，再分配至臺灣各地，因而府城仍是臺灣最大的商業集散中心，南北各地與府城的商業往來關係密切。〔註29〕

乾、嘉年間，閩、粵移民來臺達於高峰，臺灣西部地區的開墾已是趨於飽和，農產品生產愈豐，日常用品的需求也是愈大，而集中府城販買愈感不便，而有開放更多正口與大陸貿易的迫切需要，在未正式開放前，各地的主要港口與大陸的偷渡、走私更為頻繁。朝廷為配運米穀及杜絕走私的需要，終於乾隆四十九年（1784）開放鹿港與泉州蚶江對渡，乾隆五十三年（1788）開放八里坌與福州五虎門對渡。

因乾隆末年三正口的成立，雖改變了以府城為中心的貿易型態，然此時往來的商船仍以府城最多，且新行郊亦陸續出現。

表五　臺南府城各郊成立年代表

成　立　年　代	郊　　名
乾隆二十八年（1763）	北郊蘇萬利
乾隆三十七年（1772）	南郊金永順
乾隆四十五年（1780）	糖郊李勝興
乾隆五十七年（1792）	生藥郊、煙簽郊
嘉慶二十三年（1818）	絲線郊、茶郊、藥材郊
道光五年（1825）	草花郊、杉郊
道光十年（1830）	布郊、綢緞郊、綢緞布郊、鑞郊
道光三十年（1850）	紙郊、簽郊
光緒二年（1876）	芙蓉郊

資料來源：1、方豪，〈臺南之「郊」〉，《大陸雜誌》，1972：4～10。
　　　　　2、石萬壽，〈臺南府城的行郊特產點心〉，《臺灣文獻》，1980：77。

〔註29〕石萬壽，〈臺南府城的行郊特產點心〉，《臺灣文獻》第31卷第4期，頁76～79。

　　行郊從大陸各港採辦臺灣所需的各種物資後，轉運回府城，將貨物集散於五條港區，分級批發零售，進入府城各所屬各專賣的街道，或配銷至鄰近的鄉鎮與北部各港。府城這些專賣街道有帽街、鞋街、竹子街、草花街、針街、米街、打銀街、打石街……等。〔註 30〕故當時府城街道多以該街道販賣貨物的特色命名。

　　由於府城爲清代全臺貨物的集中地，有行郊從事貿易，聚貨分售，因而店鋪林立，同一行業的店號，多喜開設在同一條街上，如此同行間的競爭雖比較激烈，但可以使欲購買貨物之顧客集中於此，不需另求他地，生意反而更爲興盛。因此清代府城街巷名稱，很多就是來自該街巷居民的行業名稱。〔註 31〕如五條港區的杉行街、打棕街、魚行街、箍桶街等。其中杉行街，即位在景福祠前，是佛陀港運送福州杉木集中販售的街道，而此區的蔡姓碼頭工人，即常因搶奪搬運杉木而發生衝突。〔註 32〕

圖 13　府城行郊行銷關係

資料來源：吳秉聲，〈一個港區空間面貌的呈現——以清領時期「臺灣府城
五條港區」爲例〉，1998：19

　　五條港的街道多沿著五條港的港道而建，故街道的發展多與港道進出口的貨物有密切關係，而五條港各港道所運送的物資各有不同，造就了不同街道的特色與功能。如：

一、新港墘港街道

　　咾咕石街：今信義街全段，於乾隆十七年（1752）王必昌《重修臺灣志》即載有此街。〔註 33〕由於緊鄰於新港墘港，故往來於府城、大陸間的郊商，

〔註 30〕石萬壽，〈臺南府城的行郊特產點心〉，《臺灣文獻》第 31 卷第 4 期，頁 72。
〔註 31〕石萬壽，〈臺南府城的行郊特產點心〉，《臺灣文獻》第 31 卷第 4 期，頁 72。
〔註 32〕楊秀蘭，〈清代臺南府城五條港區的經濟與社會〉，臺北：國立臺灣師範大學歷史研究所碩士論文，2004 年。頁 74。
〔註 33〕王必昌，《重修臺灣縣志》，卷一〈疆域志·街市〉，臺灣文獻叢刊第 113 種，臺北：大通書局，1995 年，頁 29。

將臺灣所產的糖、鹽、龍眼乾等貨物集中於此，再運往大陸。〔註 34〕附近有一條咾咕石渡（今民族路三段與文賢路交會口）可直通安平，道光二年（1822）修建渡口泊岸、石橋，以利行人往來，於〈修造老古石街路頭碑記〉：

> 今老古石渡口，為商旅往來之地、人民輻輳之區。凡船入港，距岸尤遙：深屬淺揭，不無顛躓之憂；手胼足胝，惟覺塗泥是患。為想病涉堪傷，乘輿難濟；惟是肇基有願，徒杠可成。遂即捐題銀項，共一千五百有奇，為集腋成裘之舉，未幾鳩工告竣。……爰將捐題名次，臚列於左：三郊蘇萬利、金永順、李勝興，同捐番銀四百大員。……職員許錦興捐番銀八十大員。監生高時章捐番銀六十大員。臺郡油車公捐番銀六十大員。蘇源盛捐番銀三十二大員。〔註35〕

由文中捐銀之眾行郊、舖號（臺南三郊、油車同業）可知當時此地為商旅往來頻繁、人民輻輳之地區。道光三年（1823）臺江淤塞，使五條港區主要港道迅速淤淺，僅剩於新港墘港較深，成為郊商船隻出入的主要港道。

圖14　修造老古石街路頭碑記

資料來源：筆者拍攝

〔註34〕許淑娟等，《臺灣地名辭書——臺南市》，臺中：臺灣省文獻委員會編印，1999年，頁199。

〔註35〕《臺灣南部碑文集成》，〈修造老古石街路頭碑記〉，臺灣文獻叢刊第218種，臺北：大通書局，1995年，頁220～221。

圖 15　位在老古石街之兌悅門

資料來源：筆者拍攝

二、佛陀港街道

　　佛陀港街：今海安路 414 巷。首見於乾隆十七年（1752）王必昌《重修臺灣縣志》。〔註 36〕爲昔日佛陀港道所在，港道盡頭則爲景福祠。佛陀港曾是五條港中水道較寬且長者，以運送福州杉木爲大宗，景福祠前與佛陀港交叉的杉行街，即是杉木堆放的街道。〔註 37〕

　　杉行街：街名初見於嘉慶十二年（1807 年）謝金鑾《續修臺灣縣志》。〔註 38〕位於景福祠至水仙宮之間，與位於佛陀港北側的福壽街（板店街，昔日棺木店集中之街道）因同樣鄰近佛陀港道而形成。由於杉木笨重，因此杉行街位近港口，以減少搬運之時程及工資，但也因此在運輸上受港道深淺的影響，故佛陀港日漸淤塞後，街況亦迅速式微。〔註 39〕

〔註 36〕王必昌，《重修臺灣縣志》，卷一〈疆域志・街市〉，臺灣文獻叢刊第 113 種，臺北：大通書局，1995 年，頁 29。

〔註 37〕許淑娟等，《臺灣地名辭書——臺南市》，臺中：臺灣省文獻委員會編印，1999 年，頁 202。

〔註 38〕謝金鑾，《續修臺灣縣志》，卷一〈地志・街裏〉，臺灣文獻叢刊第 140 種，臺北：大通書局，1995 年，頁 10。

〔註 39〕許淑娟等，《臺灣地名辭書——臺南市》，臺中：臺灣省文獻委員會編印，1999 年，頁 203。

圖 16　景福祠

資料來源：筆者拍攝（攝於 2013 年 6 月 13 日）

三、南勢港街道

北勢街：位於水仙宮前，即今日神農街東段，忠孝街以東部分，因位在南勢港北側而得名。康熙五十九年（1720）陳文達《臺灣縣志》已載有舊南勢街、北勢街、新南勢街、新北勢街，〔註40〕爲城外五條港最早出現之街道。清代時，郊商巨賈在北勢街上興建大型二層樓高的建築，二樓做爲存放貨物的倉庫，一樓則爲進出貨物的的店面。〔註41〕

南勢街：今民權路三段附近。位於南勢港的南岸，清代爲郊商雲集之處，南北貨的集散地。〔註42〕

藥王廟街：今日神農街至忠孝街以西，止於街尾的藥王廟，街名因此廟而得。原亦屬北勢街之部分，清時曾爲藥材集散之地。〔註43〕

〔註40〕陳文達，《臺灣縣志》，〈建置志二·集市〉，臺灣文獻叢刊第 103 種，臺北：大通書局，1995 年，頁 92。

〔註41〕許淑娟等，《臺灣地名辭書——臺南市》，臺中：臺灣省文獻委員會編印，1999年，頁 210。

〔註42〕許淑娟等，《臺灣地名辭書——臺南市》，臺中：臺灣省文獻委員會編印，1999年，頁 212。

〔註43〕許淑娟等，《臺灣地名辭書——臺南市》，臺中：臺灣省文獻委員會編印，1999年，頁 210。

圖 17　藥王廟

資料來源：筆者拍攝（攝於 2013 年 6 月 13 日）

四、南河港街道

頂、下南河街：在嘉慶十二年（1807）謝金鑾《續修臺灣縣志》所載，為外上南濠街、外下南濠街。〔註44〕南河港自鎮渡頭起，向東沿今之和平街，可直抵城內民權路二段，甚至大井頭一帶，是五條港最早開發的河港，昔日運載的貨物以南北雜貨為主。以南沙宮（今和平街 55 號，主祀黃府千歲）為中心的盧姓，是港道上的主要碼頭工人。〔註45〕

看西街：即今仁愛街。出現於乾隆十七年（1752）王必昌《重修臺灣縣志》。〔註46〕昔日此地舳艫相望，為船楫貨運的集散地，貨物以藥材、南北貨居多，同時也是經營布料染整業者集中的地方。〔註47〕

箍桶街：即今仁愛街。昔日南河港畔進出之貨物均在此打包捆紮，以利

〔註44〕謝金鑾，《續修臺灣縣志》，卷一〈地志・街裏〉，臺灣文獻叢刊第 140 種，臺北：大通書局，1995 年，頁 10。

〔註45〕許淑娟等，《臺灣地名辭書——臺南市》，臺中：臺灣省文獻委員會編印，1999 年，頁 207。

〔註46〕王必昌，《重修臺灣縣志》，卷一〈疆域志・街市〉，臺灣文獻叢刊第 113 種，臺北：大通書局，1995 年，頁 29。

〔註47〕許淑娟等，《臺灣地名辭書——臺南市》，臺中：臺灣省文獻委員會編印，1999 年，頁 207。

運送，箍桶店雲集。〔註48〕

　　打棕街：即今忠明街。是製作棕繩、蓑衣之打棕店集中的地方，連接鎮渡頭和看西街。〔註49〕

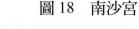

圖 18　南沙宮

資料來源：筆者拍攝（攝於 2013 年 6 月 13 日）

五、安海港街道

　　外新街：又名新興街，與城內的上新街、內新街對稱的街道，位在安海港支流外新港所流經的地區，爲南北貨商船的泊船專用港。嘉慶十二年（1807）謝金鑾《續修臺灣縣志》載有此一東西向的街道，可視爲府城海岸線西進，商業區再次向西擴展的證明。〔註50〕

　　番薯港街：爲安海港支流番薯港流經的地區，番薯港向東經六姓府、大糖埕、牛磨後，可直抵保西宮（今中正路 138 巷 28 號，主祀葉、朱、李三府千歲），是清代番薯、蔗糖輸出的專用港。大糖埕是昔日蔗糖經壓榨爲糖汁，

〔註48〕許淑娟等，《臺灣地名辭書——臺南市》，臺中：臺灣省文獻委員會編印，1999年，頁 208。

〔註49〕許淑娟等，《臺灣地名辭書——臺南市》，臺中：臺灣省文獻委員會編印，1999年，頁 208。

〔註50〕許淑娟等，《臺灣地名辭書——臺南市》，臺中：臺灣省文獻委員會編印，1999年，頁 215。

滷成晶後，準備輸出包裝的集貨廠。〔註51〕

圖 19　保西宮

資料來源：筆者拍攝（攝於 2013 年 6 月 13 日）

　　由上述五條港的街道，可知清代五條港的進出口貨物分佈。最北邊的新港墘港和最南邊的安海港支流番薯港是糖的主要輸出港。南勢港及南河港為南北雜貨與藥材集散地。佛陀港因水勢較深，故能承載較為重的杉木，故為杉木的進口港道。在佛陀港的上游支流王宮港有米街，昔日米多從小北門進入米街，在此去穀分售，因而此街多為米店。在米街附近廣安宮（今新美街172 號，主祀池府千歲）旁稱為石舂臼，即是搗去稻穀殼的地方，可知王宮港是米的輸出港。〔註52〕

〔註51〕許淑娟等，《臺灣地名辭書——臺南市》，臺中：臺灣省文獻委員會編印，1999年，頁218。

〔註52〕柯俊成，《臺南府城大街空間變遷之研究》，臺南：國立成功大學建築研究所碩士論文，1998 年，頁 60。

圖 20　五條港區貨物運輸與街道、街屋、港道之關係圖

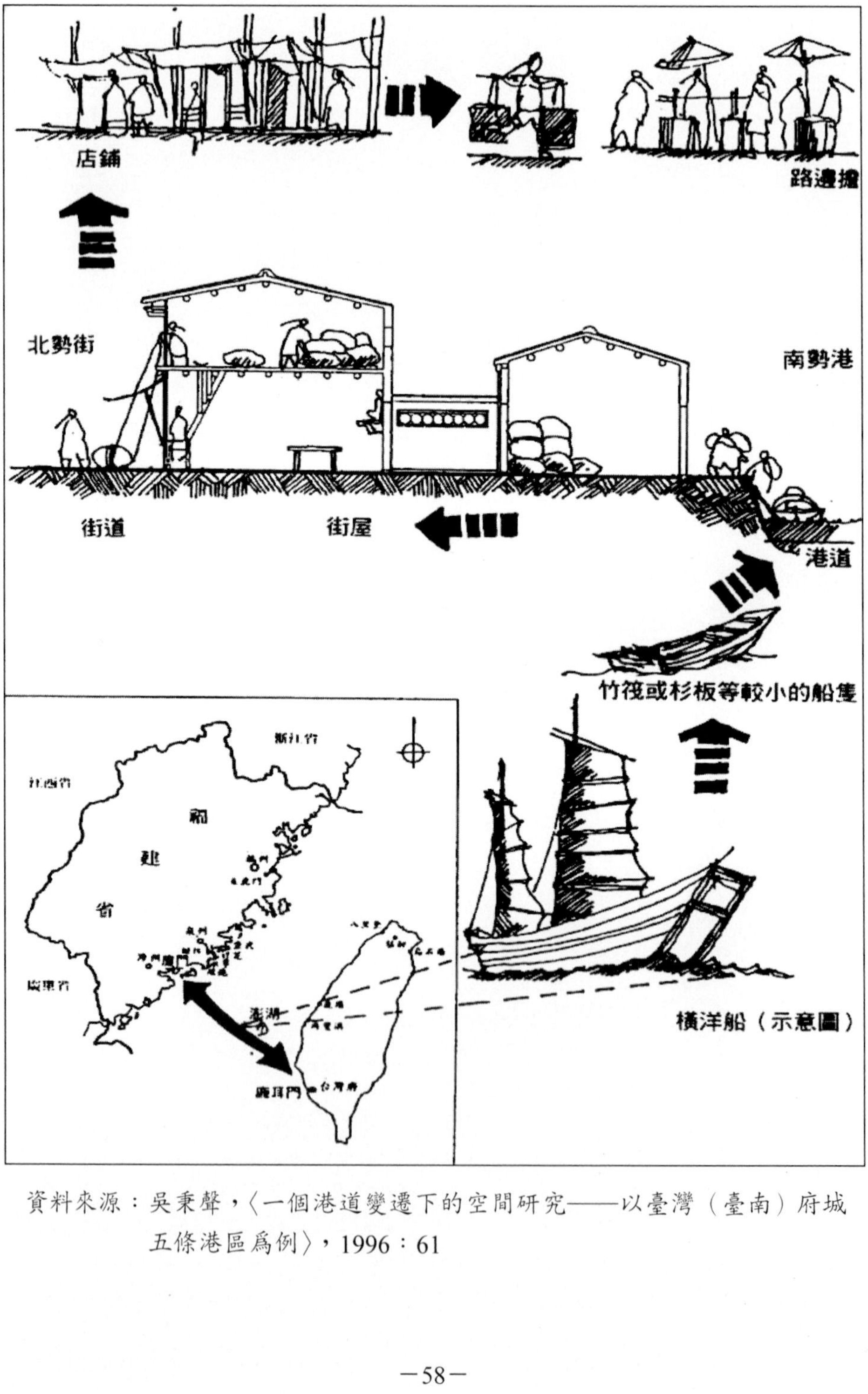
店鋪
路邊擔
北勢街
南勢港
街道
街屋
港道
竹筏或杉板等較小的船隻
橫洋船（示意圖）
福
建
省
澎湖
鹿耳門

資料來源：吳秉聲，〈一個港道變遷下的空間研究——以臺灣（臺南）府城五條港區爲例〉，1996：61

　　清代臺灣府城的郊商雲集於大西門外五條港區，郊商為使航運的便利暢通，出資挖闢五條港與運河，使貨物能運往安平、鹿耳門、四草湖。城內的街市（以十字大街為主軸）由東門至西門，貫通府城，而郊商以大街、五條港聯結城內外，作為米、糖及其他物資的運輸路線，帶動了府城的經濟與繁榮。

　　五條港對外貿易發展，皆有賴港道的暢通，以方便貨物的運輸，然而道光三年（1823）的一場暴風雨，使臺江陸浮成地，鹿耳門則首當其衝，頓成廢口。至於五條港，在《臺灣府輿圖纂要》載：

> 鎮渡頭：本在西門外海口，距安平鎮水程七里。自道光二十二年海漲暴作，湧為沙洲。今則一片坦途，直達安平。呰古石渡：在西門外一里。自臺江淤填成陸後，僅餘一溝，以通運載。〔註53〕

　　道光年間的兩次海變，實是五條港區沒落的肇因。而位在南河港的鎮渡頭也因淤塞而為新港墘港的呰古石渡所取代，連橫在《雅堂文集》亦載：

> 禾寮港即今打銀街，鄭氏之時尚有港道，今變通衢。而西城以外之佛頭港、關帝港、媽祖港、王宮港、番薯港，皆舊時運河，現已淤塞。〔註54〕

可見五條港受海退影響，後雖不斷疏濬港道，但終究是免不了淤塞的命運，也使得原本臨近海岸的五條港區遠離海岸，由於安平港風急浪高，故商船多停泊於國賽港，惟國賽港距離府城遙遠，三郊為使貨物運送的航道暢通，整修一條從國賽港至四草湖的竹筏河道（稱溪筏仔港），使泊於國賽港的商船得以進入四草湖。再整治由四草湖至五條港的舊運河，以竹筏將貨物由四草湖運至五條港區，然而郊商的運輸成本也大為提高，為了維持運輸路線的暢通，必須花費大筆經費疏濬河道，成了郊商一沉重負擔。〔註55〕至道光中葉以降，府城的貿易已漸呈衰象，《廈門志》載：「廈門商船對渡臺灣鹿耳門向來千餘號……並以鹿耳門沙線改易，往往商船失利，日漸稀少。至週年渡臺商船，僅四、五十餘號矣」，〔註56〕可見當時「郡城商貨不行」、「郊行衰敗，商船日

〔註53〕葉宗元《臺灣府輿圖纂要》，〈臺灣縣輿圖冊・山水〉，臺灣文獻叢刊第181種，臺北：大通書局，1995年，頁107。

〔註54〕連橫，《雅堂文集》，〈卷三・臺南古跡志〉，臺灣文獻叢刊第208種，臺北：大通書局，1995年，頁245。

〔註55〕石萬壽，〈臺南府城的行郊特產點心〉，《臺灣文獻》第31卷第4期，1980年，頁79～80。

〔註56〕周凱，《廈門志》，卷五〈船政略・商船〉，臺灣文獻叢刊第95種，臺北：大通書局，1995年，頁171。

少」。〔註57〕

圖21　道光三年（1823）後府城對外船運路線示意圖

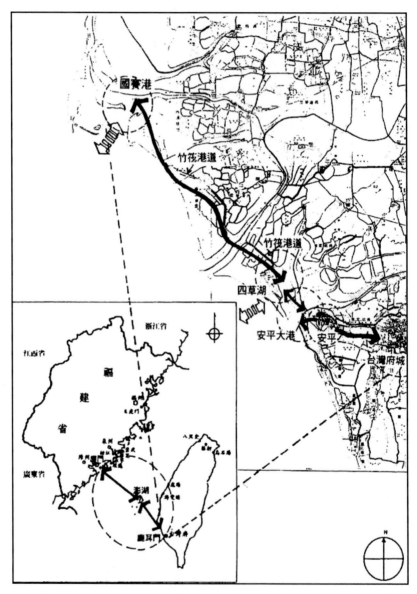

資料來源：吳秉聲，〈一個港道變遷下的空間研究——以臺灣
（臺南）府城五條港區爲例〉，1996：40

〔註57〕姚瑩，《中復堂選集》，〈樹苓湖歸鹿港分運臺穀狀〉，臺灣文獻叢刊第83種，
　　　　臺北：大通書局，1995年，頁36、38。

再者，同治七年（1868）至光緒二十一年（1895），茶、糖、樟腦共佔臺灣出口總值之 94%，分別是茶 53.49%、糖 36.22%、樟腦 3.93%，及煤 1.58%。〔註58〕北部茶的出口顯然較南部糖的出口較高。而光緒元年（1885）至光緒二十一年（1895）之間，北部貿易總額更爲南部的二倍。〔註59〕相較於淡水和基隆躍升爲臺灣的貿易中心，而臺南府城則相對沒落了。

第三節　三郊與港區的社會活動

清時，臺灣是爲一個移墾社會，以及官方組織在編制上亦較小，社會組織均極發達，如行郊、神明會、父母會等。而這些社會組織，在臺灣的開發過程中，發揮了相當的功能與安定社會秩序的力量。在五條港區的社會組織以行郊與碼頭工人所形成的血緣、地緣組織及具有保甲功能的聯境組織最具特色。

行郊是由同一港埠的商賈所組成的組織，表面上以祀奉某一神明爲目的，時則藉此約束各會員遵守同業規約，敦睦互助，進而增產置業，以謀求發展，在經營有成後，便積極參予地方事務。

一、公益事業

臺南三郊在公益事業的參予，就清代所遺留的碑文而言，以修橋造路爲多，如乾隆五十五年（1790）〈重建太平橋碑記〉，記載了此次重建太平橋，北郊蘇萬利、南郊金永順、糖郊李勝興各捐銀貳拾貳元捌分參厘。雖此碑因部份字跡脫落，故無法得知其全文，但文中值得注意的是「雍正六年北郊蘇萬利等自興宮本建此橋」。〔註60〕此可說明在雍正六年（1728）已出現北郊蘇萬利，卻未見南郊金永順、糖郊李勝興，惜無法證明三郊始於雍正年間。若有，三郊之首其時爲北郊蘇萬利。

再如乾隆三九年（1774）〈重建安瀾橋碑記〉：

是橋也，亙古造創，行人接踵，舠艇出入，送往迎來必由孔道，而

〔註58〕林滿紅，《茶、糖、樟腦業與臺灣之社會經濟變遷（1860～1895）》，臺北：聯經出版社，1997年，頁2。

〔註59〕林玉茹，《清代臺灣港口的空間結構》，臺北：知書房出版社，1996年，頁314。

〔註60〕何培夫，《臺灣地區現存碑碣圖誌——臺南市篇》，〈重建太平橋碑記〉，臺北：中央圖書館臺灣分館，1994年，頁58。

不知更易者幾何？乾隆甲戌春，經又圮頹。董事侯宗興等募南濠、南勢行眾，從新再造。迄今二十餘載，堅木復見成灰，所以爰集同人重建。立碑錄前人造作之功，啟後者繼美之心焉。是為序。時乾隆甲午仲春穀旦，北郊蘇萬利立石。〔註61〕

　　嘉慶九年（1804），安瀾橋復被洪水沖壞，乃爰集同人，捐貲重建並勒石記之，仍題為〈重建安瀾橋碑記〉，〔註62〕於碑文所列捐輸行號，雖未指明臺南三郊之郊行，但其中「振益號」為三郊郊號，及碑末「董事郭子璋、仲脩、仲禮同勒石」，而郭子璋是當時三郊之郊商，可能為當時三郊董事。故從「振益號」、「董事郭子璋、仲脩、仲禮同勒石」可推測臺南三郊應是有參與其中，然則何以不列三郊公號，實令人費解。此後道光五年（1825）〔註63〕、二十七年（1825）重修，同治四年（1865）續再新修。〔註64〕然幾次的重修，皆有三郊郊商及所屬行號參予，卻仍然未見三郊公號。

　　安瀾橋亦屢見於諸方志，如乾隆十二年（1747）《重修臺灣府志》：

安瀾橋：在西門外鎮渡頭。架木為之。康熙五十九年知府王珍重建。

中豎大木，旁築以欄。扁曰「安瀾」。〔註65〕

可知安瀾橋位在西門外鎮渡頭，除《重修臺灣府志》外，《清一統志臺灣府》、《重修福建臺灣府志》、《福建通志臺灣府》、《臺灣縣志》、《重修臺灣縣志》、《續修臺灣縣志》皆有載之，又據諸碑文所見，其修建次數最多，亦可想見其使用之頻繁，可知安瀾橋於清時是五條港區重要之橋樑。

　　由於港區的港道皆是東西流向，阻礙了南北交通的便利性，故府城郊商、店鋪所參與修造的橋樑，多在五條港區，如太平橋、安瀾橋、得勝橋、樂安橋、南河橋等。在所有修造的橋樑中，以安瀾橋次數最多，次為太平橋和樂安橋。此三座橋分別坐落於南河港與佛陀港上，近水仙宮之處，可見南

〔註61〕《臺灣南部碑文集成》，〈重建安瀾橋碑記〉，臺灣文獻叢刊第218種，臺北：大通書局，1995年，頁92～93。

〔註62〕《臺灣南部碑文集成》，〈重建安瀾橋碑記〉，臺灣文獻叢刊第218種，臺北：大通書局，1995年，頁180～181。

〔註63〕《臺灣南部碑文集成》，〈重修安瀾橋碑記〉，臺灣文獻叢刊第218種，臺北：大通書局，1995年，頁231～232。

〔註64〕《臺灣南部碑文集成》，〈重修安瀾橋石碑記〉，臺灣文獻叢刊第218種，臺北：大通書局，1995年，頁689～690。

〔註65〕范咸，《重修臺灣府志》，卷二〈規制・橋樑〉，臺灣文獻叢刊第105種，臺北：大通書局，1995年，頁78。

河港與佛陀港在五條港區是舟車輻輳的貿易中樞地帶，無怪乎三郊總部會選在兩港道之間的水仙宮。

以修路而言，道光二年（1822）〈修造老古石街路頭碑記〉，於此碑末載：「重修泊岸，立界五支：南草厝邊二支，北源泉號店後二支、有德號店後一支，計五支。此系本街公地；倘後日有敢侵界及毀滅界址者，即聞眾呈官究治」、「建造石橋，計二十五曠，長四十四丈四尺，原爲貨物出入及人眾往來之便；該橋上不許堆積物件並粗硬等貨。擊折橋石者，就該舖是問，立即買補；違者，聞眾議罰」、「西畔隘門之外，北至源泉號壁地，南至三合號、源盛號、勝記號等滴水爲界、系本街新修公地。以後不准搭寮及堆積各物；如有恃強固犯，即呈官究治」。〔註66〕可知此次修造老古石街路，還包括了幾個重要工程，將咾古石街的交通要道做通盤的整治。如：

1、重修泊岸，立五支界址，以避免公地被侵占。

2、建造石橋，以方便人眾往來及貨物出入，並規定橋上不許堆積貨物，亦不許擊折橋石。

3、立咾古石街新修公地，不准搭寮及堆積貨物。

在捐輸名單首列「三郊蘇萬利、金永順、李勝興」，另有「臺郡油車」，其餘多是船戶，洋洋大觀，可知此時五條港繁榮，以及臺南郊行的興盛。

由於五條港因地理環境變遷劇烈，尤其是道光三年（1823）後，港道淤積愈是嚴重，而有時時疏浚的必要，否則商船貨物往來甚是不便。以疏浚河道而言，同治八年（1869）〈臺郡清溝碑記〉：

> 竊謂地脈流通，災祲不犯，文運亦興，理固然也。臺郡溝渠，丙寅秋，奉丁前道憲、葉府憲、白邑主設局，勵民疏淪有方，穿城南北兩大涧、雜處街衢各小溝，分別總局、境眾任之。涧水疏至濱海，與海水通，岸邊各砌磚石。雜溝濬到通渠，與涧水接，渠底盡棄穢蕪。疏大涧，則修城洞、造橋梁，計費五千有奇；濬雜溝，則敷石版、創坦途，輸金約居其半。視初時舉事估量整萬者，已省四分之一。溯自興工、告竣，首尾三載，癘氣不侵；丁卯鄉闈，閩、粵計中七名，俱郡垣府、縣兩學，又似有明徵焉。〔註67〕

〔註66〕《臺灣南部碑文集成》，〈修造老古石街路頭碑記〉，臺灣文獻叢刊第218種，臺北：大通書局，1995年，頁220～221。

〔註67〕《臺灣南部碑文集成》，〈臺郡清溝碑記〉，臺灣文獻叢刊第218種，臺北：大通書局，1995年，頁338～340。

此次除清理溝渠外，還有修城洞、造橋樑，而三郊捐銀八百元爲最多，可見當時三郊財力雄厚，以及對清理溝渠重視。

光緒十七年（1891）〈西門城邊半路店間河溝挑浚碑記〉（又名〈安平臺南間河溝挑濬碑記〉）：

> 辦理安平各口稅釐總局福建候補縣正堂劉，爲勒石事，余于庚寅冬間（光緒十六年，1890）調解辦安平釐局，見由半路亭起至西門城邊一帶河溝淤塞，船艖運貨，進出諸多不便，爰與各郊商妥議，集貲挑浚。稟蒙各憲批准，由釐金項下首捐百元，以爲之倡。各郊商於是乎踴躍輸捐，合共得有銀貳千壹百餘元。即由郊董等經手雇工，分段挑浚，長萬餘丈，寬十丈餘，深三尺有奇。工竣後，船艖往來稱其便。爲是役也，賴本局友歐陽拙菴及郊董莊珍潤、陳傑修、蔡長卿、蔡超英、怡記、邦記、利源、美打、瑞記、唻記、慶記、晉豐、泉益、承裕、東昌、興泰、東昇、順美等，不辭勞瘁，慷慨樂助，以成此美舉。……。〔註68〕

是役挑濬之河溝，「長萬餘丈，寬十丈餘，深三尺有奇」，可見工程的浩大及河道淤積嚴重，而雇工及經費全由郊董經手，足見當時臺南郊商受官府重視。碑末捐獻名單有「郡藥郊」、「郡眾油車」及諸多行號，卻未見三郊之名，然而文中「郊董莊珍潤」，其又名莊朝江，由《臺灣日日新報》可證明爲臺南三郊成員。〔註69〕另外值得注意的是，名單中首列捐款最多者爲「怡記、邦記、瑞記、唻記、慶記」等，均爲洋行。其中怡記已加入臺南三郊的輪值。

然此次雖未見三郊公號，但仍可見三郊所屬行號，如利源、美打、承裕、東昌、興泰、順成、振美、福人、鼎源益、振源興、瑞珠等號，於碑末所載「以上所捐濬河經費，均係行董利源、晉豐等經手收發，何此登明」，可推測利源號、晉豐號爲當時三郊重要的郊行。

從上述的造橋鋪路、疏濬河道的碑文中，可以看出郊商們的熱烈積極參予。因爲五條港區的航道、道路是否順暢，其影響著港區的貿易發展，故而當港區有需要造橋鋪路，郊商都會踴躍捐輸，一是利於自身的生理發展，一是行善積功德，亦能有利於聲望的提升。

〔註68〕黃典權，《臺南市南門碑林圖志》，〈西門城邊半路店間河溝挑浚碑記〉，臺南：臺南市政府，1979 年，頁 119。此碑亦收錄在《臺灣地區現存碑碣圖誌——臺南市篇》，爲〈安平臺南間河溝挑濬碑記〉。

〔註69〕《漢文臺灣日日新報》，1906 年，1 月 11 日，5 版。

表六　紳商出資修建的橋樑、道路一覽表

時　間	修建之橋樑、道路	出　資　者	資料來源
雍正六年（1728）	太平橋	北郊蘇萬利等	〈重建太平橋碑記〉
乾隆十二年（1747）	德安橋		〈德安橋——新興坑仔底橋碑記〉
乾隆十六年（1751）	濟津橋	紳士商人	《續修臺灣縣志》
乾隆二十八年（1763）	新安橋	商人蘇萬利等	《續修臺灣縣志》
乾隆三十年（1765）	德安橋	北郊蘇萬利	〈大老爺蔣重修德安橋碑記〉
乾隆三十九年（1774）	安瀾橋	北郊蘇萬利	〈重建安瀾橋碑記〉
乾隆四十年（1775）	金水橋	水仔美金龍街諸店鋪	〈重建金水橋碑記〉
乾隆五十五年（1790）	太平橋	北郊蘇萬利、南郊金永順、糖郊李勝興等	〈重建太平橋碑記〉
嘉慶三年（1798）	大坊橋	紳士吳春貴、韓必昌、黃拔萃	《續修臺灣縣志》
嘉慶四年（1799）	大觀音亭橋	裏眾捐修	《續修臺灣縣志》
嘉慶九年（1804）	太平橋	商人捐貲	《續修臺灣縣志》
嘉慶九年（1804）	安瀾橋	三郊郊商郭子璋	〈重建安瀾橋碑記〉
嘉慶十一年（1806）	得勝橋(暗橋)	三郊郊商郭子璋	《續修臺灣縣志》
嘉慶十九年（1814）	樂安橋	瑞源號、永和號、和順號等諸行號	〈重修樂安橋碑記〉
嘉慶二十年（1815）	大觀音亭橋	北郊蘇萬利、南郊金永順、糖郊李勝興。絲線郊、花草郊、杉郊舖、藥材郊等	〈嘉慶二十年重修大觀音亭廟橋碑記〉
道光二年（1822）	咾咕石街	三郊蘇萬利、金永順、李勝興等	〈修造老古石街路頭碑記〉
道光五年（1825）	安瀾橋	三郊郊商郭子璋等	〈重修安瀾橋碑記〉
同治二年（1863）	樂安橋	杉行合成號、源泰號、協盛號等諸行號	〈重修崇福宮樂安橋碑記〉
同治四年（1865）	安瀾橋	三郊諸行號	〈重修安瀾橋石碑記〉
同治十二年（1873）	望海橋	三郊蘇萬利、金永順、李勝興等	〈重修望海橋碑記〉

光緒十六年（1890）	寅舍橋	豫泰號、泉益號、復發號等諸行號	〈重修寅舍橋碑記〉

資料來源：1、黃典權，《臺灣南部碑文集成》，1995。
　　　　　2、黃典權，《臺南市南門碑林圖志》，1979。
　　　　　3、何培夫，《臺灣地區現存碑碣圖誌——臺南市篇》，1994。

表七　郊商、店舖出資疏濬之溝渠

疏濬溝渠	時　間	碑　文
臺郡溝渠	同治八年（1869）	〈臺郡清溝碑記〉
西門城邊河溝	光緒十七年（1891）	〈西門城邊半路店間河溝挑浚碑記〉

資料來源：1、黃典權，《臺灣南部碑文集成》，1995。
　　　　　2、黃典權，《臺南市南門碑林圖志》，1979。
　　　　　3、何培夫，《臺灣地區現存碑碣圖誌——臺南市篇》，1994。

二、慈善事業

　　行郊之慈善事業可略分爲助葬、賑荒、救恤三類。以救恤而言，清時臺灣於社會行政無專設機構，當時所謂恤政，惟一遵清律，由地方縣廳官長督行之，其機構則有養濟院、普濟堂、棲流所、留養局、恤嫠局、育嬰堂等。至於機構的創立經費及維持費用，如屬公立，則多船舶入港稅與鴉片煙稅支助，不足則假以募捐；私立者，則多出自地方紳商之捐輸，官府亦會給予輔助。綜觀清代臺灣之救恤機構，多爲官紳郊商醵資合營。〔註70〕

　　道光二十六年（1846）〈重修廣慈院碑記〉：

　　　　竊廣慈院自康熙三十一年，時有諸羅縣張諱伊建蓋，籌充嘉邑犁頭標大道公營田，年徵香租粟六十五石，節次損壞，修葺有人，閱今又數十年矣，益見棟宇傾頹，神像損濕。每欲倡捐興修，而慮其不繼。茲幸紳商士庶同心樂助，圮者修而缺者補，氣象煥然一新。〔註71〕

碑末捐獻芳名，洋洋大觀，有三郊蘇萬利、金永順、李勝興，另有衣舖、杉行、篏舖、銀舖、彰邑販戶等諸行舖。

　　連橫《臺灣通史》：

〔註70〕卓克華，《清代臺灣的商戰集團》，臺北：臺原出版社，1990年。頁178。
〔註71〕《臺灣南部碑文集成》，〈重修廣慈院碑記〉，臺灣文獻叢刊第218種，臺北：大通書局，1995年，頁281～282。

> 臺灣育嬰堂：在縣治外新街。咸豐四年，富户石時榮倡健。自捐家
> 屋充用，並捐五千圓生息，以爲經費。又勸紳商集款數千圓，稟官
> 批准，凡安平出入商船抽税充用，而富户亦各捐田園鋪屋，入款頗
> 多。其後巡道黎紹棠以爲義舉，更勸紳士辦理，並以洋藥釐金提撥
> 充用。及光緒八年，巡道劉璈乃廢其例，以司庫平餘及鹽課餘款千
> 圓撥爲經費。〔註72〕

咸豐四年（1854），三郊鼎美號的石時榮鑑於當時遺棄女嬰盛行，撫養無著，因而捐出五條港區外新街的房屋數間，倡健育嬰堂。臺南一帶溺女嬰之原因，其不單是貧困而無力撫養，也與當時社會價值觀有關，《安平縣雜記》載：

> 臺南鄉婦常有溺女事，一生女孩，翁姑不喜，氣迫於心，而溺女於
> 水，故郡内紳商有好生之心，聞有此事，不忍坐視，公捐「一文緣」
> 金，置買田產房屋生息，共設育嬰堂於郡城。凡有鄉婦生女不養，
> 准投堂送入。堂設董事，日收女孩，付發乳母培養，每月給金一圓。
> 乳養數月，俾愛女者到堂選取，回家撫養，爲子、爲媳聽其自便。
> 因是，而溺女之事始息。此樂善不倦之所爲也。〔註73〕

由於當時社會重男輕女，故時有溺女嬰的現象，郊商石時榮倡導開辦育嬰堂，並捐款五千圓生息做爲經費，僱用乳媼，收容被遺棄的女嬰，對於改善溺女嬰的現象，實有所助益。石時榮逝世後，堂務中止，同治八年（1869）分巡臺灣兵備道黎紹棠慨其中絕，乃勸諭紳商籌措捐金，委派官紳設法整頓，再興善舉。並特准撥洋藥釐金以作爲補助，未久，又因經費短絀暫廢。〔註74〕光緒八年（1882）補助款爲巡道劉璈所廢，改以鹽課剩餘款補助，〈稟籌辦全臺鄉會試館賓興及育嬰養濟義倉各事宜由〉載：

> 臺郡育嬰堂經費甚不敷用，現擬五千元發由培元局紳董，揀交殷實
> 各户，承領生息，暫資湊給，另籌推廣。〔註75〕

〔註72〕連橫，《臺灣通史》，卷二十一〈鄉治志〉「臺灣善堂表」，臺灣文獻叢刊第128種，臺北：大通書局，1995年，頁564。

〔註73〕不著撰人，《安平縣雜記》，〈風俗義舉附考〉，臺灣文獻叢刊第52種，臺北：大通書局，1995年，頁16。

〔註74〕許丙丁，〈臺灣救濟院發展史〉，《臺南文化》，第7卷第1期，1960年，頁77～78。

〔註75〕劉璈，《巡臺退思錄》，〈稟籌辦全臺鄉會試館賓興及育嬰養濟義倉各事宜由〉，臺灣文獻叢刊第21種，臺北：大通書局，1995年，頁111。

由於官方與各郊商的協助，使得育嬰堂得以持續經營。到了日治時期，堂業遂廢，於明治三十二年（1899）被併入臺南慈惠院。〔註76〕

除了育嬰堂之外，同治十三年（1874）欽差大臣沈葆楨倡設恤嫠局，府城眾紳商也響應捐款九千圓，購置田園生息，〔註77〕給予夫死仍守節的婦女，每月一圓五角，以補貼其家用。〔註78〕此外，府城紳商亦設置義倉，以爲荒年賑濟窮民之備。〔註79〕

第四節　三郊與港區的文化活動

行郊之文化功能以建學宮、捐學租爲主。自古興賢育才，教學爲先，風俗之醇，人才之盛，端賴學校陶冶教化，是以歷朝邦治，皆以學校爲要圖。清領臺灣二百年，其文教設施，無非建設學宮，增廣學額，輔以書院，勤以訓課。其他如義學、民學、社學，或官立或私立，凡此在在均有郊商紳富之參予，或倡謀捐建，或慷慨醵輸，或董理經營。〔註80〕

乾隆四十五年（1780）〈重修臺灣府學明倫堂碑記〉：

學校之設，所以長育人才、一道德、同風俗、制梉重矣，我國家崇儒重道，文教覃敷，隨地建學。而學之有明倫堂也，飲射於此，讀法於此，賓賢能、習禮儀於此。昔柳子厚有云：「仲尼之道，與王化相遠邇，蓋尤學中之最關體要者」。臺陽平定。久及百年詩書絃誦，人文蔚起。而郡學之明倫堂，實經始於海康陳公，規制具備。歷有年所，風雨侵蝕，勢不能免，數十年前曾有起而新者。今則棟樑椽楠漸就剝落，麟等講學其中，慼不自安。爰請府憲萬公，共謀修築；而紳士陳君名標、林君朝英，時董其事，飾材庀工，始於庚子仲春，成於初秋，凡六閱月而工竣，自堂內外，莫不煥然一新，……而臺

〔註76〕戴文鋒，〈清代臺灣的社會救濟事業〉，臺南：國立成功大學歷史研究所碩士論文，1991年。

〔註77〕連橫，《臺灣通史》，卷二十一〈鄉治志〉「臺灣善堂表」，臺灣文獻叢刊第128種，臺北：大通書局，1995年，頁564。

〔註78〕不著撰人，《安平縣雜記》，〈風俗義舉附考〉，臺灣文獻叢刊第52種，臺北：大通書局，1995年，頁16。

〔註79〕不著撰人，《安平縣雜記》，〈風俗義舉附考〉，臺灣文獻叢刊第52種，臺北：大通書局，1995年，頁16。

〔註80〕卓克華，《清代臺灣的商戰集團》，臺北：臺原出版社，1990年。頁153。

中紳庶所有樂助捐輸者，咸勒於石，誌不忘云。〔註81〕

碑末即爲捐輸者，捐獻最多爲北郊蘇萬利、南郊金永順、糖郊李勝興，各捐銀二百圓。嘉慶二十一年（1816）〈重修魁星閣碑記〉〔註82〕於碑末載有眾參予者，其中郭拔萃（監貢軍功，六品職銜）、郭邦傑（監生軍功，六品職銜）、石時榮（軍功，六品職銜），皆爲三郊郊商，然此次重修魁星閣，皆由士紳捐輸，故雖有郊商，卻以個人名義參與，未見行號店鋪。嘉慶八年（1803）〈重修府學文廟閩籍題捐碑記〉〔註83〕所載的「監生陳啓良」、嘉慶十九年（1814）〈重修臺灣縣學聖廟捐題碑記〉〔註84〕所載「職員郭拔萃、職員林廷邦、職員陳啓良、職員郭邦傑、職員陳本全、職員洪秀文、職員石時榮」和〈重修魁星閣碑記〉例子一樣，皆以個人名義參與。

另外，行郊亦有「郊籍」之泮額。光緒十八年（1892），蔣師轍來臺襄校試卷，著有《臺遊日記》，四月九日記：

> 覆試二府童文，俗所謂總覆也……俗以隸籍黌設爲大榮，每覆試榜出，爆竹鼓吹之聲，喧鬧竟夕。聞謁聖後藍衫肩輿，鼓吹前導，遍拜親故，往往經歲不已。……閩、粵之外又有番籍。〔註85〕

「閩粵」二字下，原註云：

> 乾隆五年巡視臺灣御史兼學政陽二酉奏，粵民流寓入籍，均有戶冊可稽，閩童恐其佔籍，攻擊惟嚴，應另編爲新字號應試。照小學例，四色通校共取進八名，附入府學。又有郊籍，亦附府學，臺灣府二名，臺南府三名。〔註86〕

蔣師轍初來臺灣，不知「行郊」，乍睹「郊籍」不知所以然，「余前襄校臺南

〔註81〕《臺灣南部碑文集成》，〈重修臺灣府學明倫堂碑記〉，臺灣文獻叢刊第218種，臺北：大通書局，1995年，頁123。

〔註82〕《臺灣南部碑文集成》，〈重修魁星閣碑記〉，臺灣文獻叢刊第218種，臺北：大通書局，1995年，頁204～208。

〔註83〕《臺灣南部碑文集成》，〈重修府學文廟閩籍題捐碑記〉，臺灣文獻叢刊第218種，臺北：大通書局，1995年，頁554～557。

〔註84〕何培夫，《臺灣地區現存碑碣圖誌──臺南市篇》，〈重修臺灣縣學聖廟捐題碑記〉，臺北：中央圖書館臺灣分館，1994年，頁。

〔註85〕蔣師轍，《臺遊日記》，卷一光緒十八年四月九日，臺灣文獻叢刊第6種，臺北：大通書局，1995年，頁17～18。

〔註86〕蔣師轍，《臺遊日記》，卷一光緒十八年四月九日，臺灣文獻叢刊第6種，臺北：大通書局，1995年，頁18。

試卷，見有郊籍，不解所謂，今始恍然」。〔註87〕故例府縣泮額應視錢糧爲差。郊籍之由來，據連橫《臺灣通史》載：

> 及蔡牽之役，臺人士義勇奉公，郊商亦捐餉助軍。事後，奏增泮額，
> 並定郊籍三名，附於府學，以爲郊商子弟考試之途。〔註88〕

郊商於蔡牽之役，捐餉助軍有功，獲得泮額三名，爲子弟取得科舉及出仕資格之捷徑。光緒十三年（1887）建省，移臺灣府縣於今臺中，原郊籍泮額，亦隨之移轉二名，蔣師轍所稱之「臺灣府二名，臺南府三名」恐有誤，應爲「臺灣府二名，臺南府一名」，故臺南俗云「三郊可出一名秀才」。〔註89〕

第五節　三郊與港區的政治活動

郊爲商業公會，以謀求自身的商業利益爲主。惟至後來，行郊勢力逐漸龐大，不僅掌握商權，且幾成爲一變相的下級行政機構，所掌事務，上需應接官諭，如奉諭防海、平匪、捐軍需，及地方官責成之事務。下要和諧協商情，如賑恤、修築、捐金，以及調處諸商糾紛，實已擔當市政大部份工作，隱然具有行政功能。〔註90〕

乾隆三十七年（1772）〈修建臺灣縣捕廳衙署記〉中捐助人有臺南三郊之「北郊蘇萬利、南郊金永順」，〔註91〕未見糖郊李勝興。然臺南三郊在府城與港區的政治活動，最爲重要者爲協助官府平林爽文及蔡牽之亂。《臺灣私法商事編》之〈臺南三郊由來〉載：

> 凡臺灣諸義舉皆以蘇萬利、金永順、李勝興爲董事，而諸商從之。
> 乾隆五十一年林爽文亂，三郊醵金，募招義民，給頒白布旗號，爲
> 國家除暴出力，平林爽文之亂，俱有勞績，因此戶部掛名賞給軍功。
> 嘉慶十二年蔡牽亂，地方官長札諭三郊募集義民，時三郊公號僅存
> 蘇萬利、金永順、李勝興之公戳記。各郊各管董事者，則有陳啓良、

〔註87〕 蔣師轍，《臺遊日記》，卷一光緒十八年四月九日，臺灣文獻叢刊第 6 種，臺北：大通書局，1995 年，頁 127。

〔註88〕 連橫，《臺灣通史》，卷十一〈教育志〉，臺灣文獻叢刊第 128 種，臺北：大通書局，1995 年，頁 273。

〔註89〕 卓克華，《清代臺灣的商戰集團》，臺北：臺原出版社，1990 年。頁 157。

〔註90〕 卓克華，《清代臺灣的商戰集團》，臺北：臺原出版社，1990 年。頁 158。

〔註91〕 《臺灣南部碑文集成》，〈修建臺灣縣捕廳衙署記〉，臺灣文獻叢刊第 218 種，臺北：大通書局，1995 年，頁 90～91。

郭拔萃、洪秀文，以三人爲三郊義民首，平蔡牽亂，而三郊之名著於臺灣。〔註92〕

此事另有相關史料三件，《安平縣雜記》：

及嘉慶乙丑年、丙寅間，海寇犯郡城，岸賊應之，白甲旗復出，賊見白甲義民則走。而三郊旗陳啓良、洪秀文、郭拔萃領之。油車旗蘇麗水領之，名聞於海上。蔡牽募有能獲陳啓良等者，予千金。〔註93〕

《續修臺灣縣志》：

義民者，以旗得名，古所謂義旗者是也。勇而爲賊所懼者，其旗著。當太守時，有五色旗之義民焉（蔡奪、許德、黃明修、王維清、郭友和、盧雲翼分領之）。白甲旗者，其民著白布背心以爲號，賊憚之。新街民也（張爵領之）。海口架舟，以通南北路者，曰澎仔船義民。水底寮之戰，鄭其仁著節矣，由是鄭其仁旗稱焉。及嘉慶乙丑、丙寅間，海寇犯郡城，岸賊應之，白甲旗復出，賊見白甲義民則走。而三郊旗（陳啓良、洪秀文、郭拔萃輩領之）、油車旗（蘇麗水領之），名聞於海上，蔡牽募有能獲承啓良、郭拔萃、洪秀文者予千金。楠仔坑之戰，稱張文雅旗。又其初募義爲倡者，曰枋橋頭旗（韓必昌領）、下橫街旗（陳廷璧領）。洲仔尾居水陸之交，賊所盤踞，三郊、油車諸旗卒破賊巢，而焚洲仔尾。凡斯勞績最著者，前後節經入奏，獲邀旌賞有差。〔註94〕

〈重建義民祠碑記〉

郡城鎮北坊有義民祠，自乾隆五十一年，林逆謀爲不軌，郡人趨義，戮力疆場，不顧身家，隨軍殺賊，蕩平後，大憲奏請褒獎，建祠崇祀，前陞府楊又捐奉買祠旁店屋二間，置田七分，年收租息以資歲祀。凡義民之殁於王事者，俱入列焉。所以妥忠魂，召國典也。迄今二十年，棟宇傾欹，庭階坍損，修而葺之爲難。去歲冬間，蔡逆

〔註92〕《臺灣私法商事篇》，臺灣文獻叢刊第91種，臺北：大通書局，1995年，頁11～12。

〔註93〕不著撰人，《安平縣雜記》，〈團練〉，臺灣文獻叢刊第52種，臺北：大通書局，1995年，頁104。

〔註94〕謝金鑾，《續修臺灣縣志》，卷四〈軍志・義民〉，臺灣文獻叢刊第140種，臺北：大通書局，1995年，頁328。

不道，勾結陸匪倡亂，自鳳邑失事後，四面皆賊，日夜攻撲郡城。臺人咸起義旂，同心剿禦，執戈操戟，身冒鋒鏑之加，不避艱險。民之死於義者，殆難悉數，義民之功大矣！然而義民之死苦矣！三郊義首職員陳啓良、郭子璋、蔡源順、洪秀文等，深憫義民之死，而商之入祠，又目擊斯祠日漸損壞，不足以壯觀瞻、示敬重也，謀所以鼎新之。慨然倡始捐建重修，邑人士咸踴躍樂輸。不數月間，楹桷煥然，堂廡式廓；雖仍厥舊址，而規模宏敞，頓異曩時湫隘之觀。將所以慰忠貞之幽魂、崇千秋之享祀者，實大有賴於斯祠焉……。〔註95〕

此碑立於嘉慶十一年（1806），爲臺灣知縣薛志亮所撰。在《臺南市南門碑林圖志》收有〈重建旌義祠捐提碑記〉之副碑，全爲捐輸者姓名：

三郊蘇萬利、金永順、李勝興，共捐佛銀六百大員，三郊職員林廷邦捐銀一百六十員，三郊職員陳啓良捐銀一百二十員，三郊職員郭拔萃捐銀一百員，三郊職員陳本全捐銀一百員，三郊職員郭邦傑捐銀一百員，三郊職員石時榮捐銀六十員，三郊職員郭子璋捐銀六十員，三郊職員蔡源順捐銀六十員，三郊職員洪秀文捐銀六十員，三郊王宗本觀、順源、順記、順和號共捐銀八十員。〔註96〕

碑末爲「嘉慶十一年仲秋，三郊董事軍功職員陳啓良、郭子璋、蔡順源、洪秀文同勒石」，按三郊董事軍功，乃由平蔡牽之亂得來，謝金鑾《續修臺灣縣志》：

郭友和，監生。軍功、授六品職銜，賞戴藍翎。……林廷佐，武生。軍功授六品職銜。……郭友直，軍功，授六品職銜。……郭子璋，軍功，授七品職銜。……陳啓良，布政司經歷銜。以木柵防守海口，又募義勇隨軍剿賊，授五品職銜。……郭拔萃，貢生。以鼓勵義首隨軍剿賊功，授六品職銜。……郭邦傑，監生。以守城功，授六品職銜。石時榮，監生。以守城功，授六品職銜。……林廷邦，武生。以催募義民隨剿功，授六品職銜。……洪秀文，以隨軍剿賊功，授七品職銜，又鹿耳門剿賊功，授六品職銜。……陳本全，以鹿耳門

〔註95〕《臺灣南部碑文集成》，〈重建義民祠碑記〉，臺灣文獻叢刊第218種，臺北：大通書局，1995年，頁186～187。
〔註96〕黃典權，《臺南市南門碑林圖志》，〈重建旌義祠捐提碑記〉，臺南市：臺南市政府，1976年，頁59。

剿賊功，授七品職銜。〔註97〕

　　由上述引文，足可確證三郊先後平定林爽文、蔡牽動亂之事實。關於蔡牽之亂始末，於《臺灣采訪冊》有詳盡記載。

　　平定林爽文亂後，經福康安等人奏請，將府城城垣由植刺竹的木柵城牆改建為三合土城垣，乾隆五十五年（1790）〈改建臺灣府城碑記〉載：

> 大吏以瀕海沙淤，不宜環築；又以時有地震，雖築之亦不固。因周植木柵為垣，而繞以刺竹，隨時修補，以為守禦之防，蓋百有餘年矣。丙午歲，逆匪滋事，猝然而至，各屬無所備，城市為墟。惟郡城以居民稠密，而木柵完固，乃得統率兵民，力為保護，始獲安全，誠海外天險之區也。夫殊域形勝所關，區區竹木，誠不足以恃為屏翰；而況今昔異其宜、土地殊其利，一勞而永逸，不得不酌其情焉。於是大將軍協辦大學士嘉勇公福公康安、工部侍郎正白旗滿洲副都統公中左領德公成、兵部侍郎巡撫福建提督軍務徐公嗣曾，相時度勢，條陳善後事宜，首以改築土城入告。奉旨俞允，爰撥帑藏以速成之。〔註98〕

引文中「丙午歲，逆匪滋事」，為乾隆五十一年（1786）的林爽文之亂。自乾隆五十三年（1788）仲冬至五十五年（1790）季夏，凡城樓、城垛、城門以及卡房、馬道、水洞之屬具告完竣。於此碑文末，記有三郊郊商林廷佐、戴鳳羣、郭友直等三人參與此役。〔註99〕

　　由於府城的商業中心位於五條港區，建城之後，反將五條港區劃出城外，一遇戰亂，尤其是海寇之亂，五條港區即成為首遭兵燹的地區，若不幸失陷，則府城亦難有鬥志，極可能隨即失陷。地方官員為解決此一難題，除調重兵駐守外，最後再築一道外城，以防守港區。〔註100〕道光十二年（1832）張丙舉事，再度襲擊府城。事後，於道光十三年（1833）至十六年（1836）整修城垣，將外城改建為磚城，由三郊負擔全部經費。〔註101〕

〔註97〕謝金鑾，《續修臺灣縣志》，卷三〈學志・軍功〉，臺灣文獻叢刊第140種，臺北：大通書局，1995年，頁226～229。

〔註98〕《臺灣南部碑文集成》，〈改建臺灣府城碑記〉，臺灣文獻叢刊第218種，臺北：大通書局，1995年，頁148～149。

〔註99〕《臺灣南部碑文集成》，〈改建臺灣府城碑記〉，臺灣文獻叢刊第218種，臺北：大通書局，1995年，頁148～149。

〔註100〕石萬壽，〈臺南府城的城防〉，《臺灣文獻》，第30卷第4期，1979年，頁153。

〔註101〕石萬壽，〈臺南府城的行郊特產點心〉，《臺灣文獻》第31卷第4期，1980，頁80。

圖 22　雍正年間所築之木柵城牆

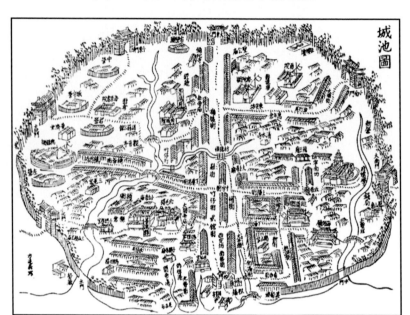

資料來源：王必昌，《重修臺灣縣志》

圖 23　乾隆 53 年（1788）所築之三合土城牆

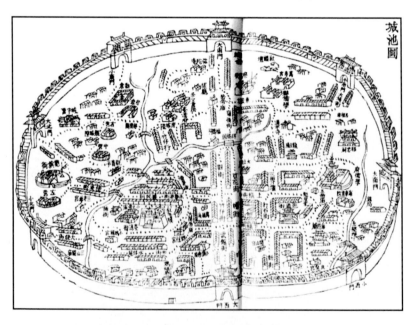

資料來源：謝金鑾，《續修臺灣縣志》

蔡牽之役，因戰爭發生地點就是五條港物資進出之地鹿耳門，而五條港位於城外，無險可守，其商務受嚴重打擊，再者滿清官兵之腐敗無能，於此亂役中，完全暴露，郊商與碼頭工人為自保生計，不得不組織團練，並建造木柵城牆，籌備城防事宜，團練逐漸代替官兵，成為防守府城主要武力。要之，此役前後歷三月，三郊實際負責府城攻防任務。蔡牽之敗遁與府城免於浩劫，三郊義民厥為首功，而三郊義因此次守城義舉，名震全臺。〔註102〕

此後府城治安之維持有賴三郊，如組織保甲以防奸細，訓練義民以衛鄉梓，設冬防夜警以緝盜賊等。〔註103〕道光四年（1824）十月，鳳山許尚、楊良斌舉事，營兵外調，維持府城治安遂交由三郊負責。咸豐三年（1853）林恭舉事，五月二日夜襲府城亦由郊商石時榮緊急調集各船水手及商舖夥計奮勇力敵，保全府城。事後石時榮因之得二品鹽運使司運同銜。〔註104〕再如五條港區港道碼頭，各有工人把持，為爭地盤，屢起械鬥，幸有工頭配合三郊加以控制，所以鬧事不至於過遽。〔註105〕

前述臺南三郊既負起地方行政之責，自是於抵抗外侮時，亦踴躍捐餉助防。如鴉片戰爭，官府為防範英軍入侵，曾分段募勇防禦府城，而經費仍是由郊商負責。然三郊經此一連串的籌措城防及捐輸，財力已感困絀，再加上臺江的浮覆，五條港區港道及對外貿易港口逐漸淤塞，使得疏濬港道須大筆的支出費用，故日趨式微，負責維持治安地區日小。官府知悉，雖曾力謀對策扶植郊商，如同治以後，將釐金事宜委由三郊包辦，以挽救其經濟頹勢，解決因之引起地方自衛武力頹廢之問題，但仍無法挽回其沒落之困境。〔註106〕至咸豐後，已無法負擔起防衛的責任，而府城的城防，平時則倚靠民間聯境組織，戰時則另設團練來負責攻守事宜。〔註107〕

其後光緒十年（1884）中法戰爭，三郊於經費困頓下，猶能自行捐貲，

〔註102〕卓克華，《清代臺灣的商戰集團》，臺北：臺原出版社，1990年。頁160。
〔註103〕顏興，〈臺灣商業的由來與三郊〉，《臺南文化》，第3卷第4期，1954年，頁13。
〔註104〕石萬壽，〈臺南府城的行郊特產點心〉，《臺灣文獻》第31卷第4期，1980，頁80。
〔註105〕卓克華，《清代臺灣的商戰集團》，臺北：臺原出版社，1990年。頁161。
〔註106〕石萬壽，〈臺南府城的行郊特產點心〉，《臺灣文獻》第31卷第4期，1980，頁80。
〔註107〕石萬壽，〈臺南府城的城防〉，《臺灣文獻》第30卷第4期，1979，頁140～166。

招募練勇，以保衛鄉梓。《安平縣雜記》載：

> 光緒十年，法防之設，即以培元總局爲團練總局，就安平一縣而論，
> 城內分爲五段，段設練勇六十名，城外三郊商戶及南北段亦雇練勇
> 三百名，一切費用均由紳商捐貲，總局按月遣人催收，定期散發，
> 每練勇一名，月給銀四元八角。〔註 108〕

培元總局即爲團練總局，光緒七年（1881）由兵備道劉璈改名，以擴大
其職能。其總辦由道府札委，下置紳董，由巡道委派紳士任之，多爲當時郊
商。其職責乃助理一切善舉，凡清溝、修道、救恤、施醫等皆是，三郊之所
以協理市政者至矣。〔註 109〕

清代臺灣的行郊與郊商積極參與地方的公共事務，許多本該由官府負責
之事務，如城防工作、修繕署衙、造橋鋪路、疏濬港道等，均由郊商挑起重
責大任。然在參與這些事務的同時，郊商也獲得了領導地方事務的權利，並
獲得官方支持。〔註 110〕

〔註 108〕不著撰人，《安平縣雜記》，〈團練〉，臺灣文獻叢刊第 52 種，臺北：大通書局，
1995 年，頁 105。

〔註 109〕卓克華，《清代臺灣的商戰集團》，臺北：臺原出版社，1990 年。頁 163。

〔註 110〕蔡淵絜，〈清代臺灣社會領導階層的組成〉，《史聯雜誌》，第 2 期，1983 年，
頁 27。

第四章　寺廟與五條港的發展

　　廟宇是地方的「公共領域」（public sphere），地方的仕紳、望族、郊商等領導階層往往介入寺廟各種活動，與廟務的經營管理，以此拓展其財富、勢力。一方面，這些地方頭人藉由參與廟務活動回饋地方，另一方面也藉此機會提升其社會地位並擴展其利益。再者，行郊本身就具有神明會之性質，其辦事處多設在寺廟。五條港區是府城行郊聚集之處，對於府城的宗教活動的投入更是不遺餘力。

第一節　五條港區的宗教信仰

　　宗教爲人類社會中之不可或缺，宗教信仰之所以如此悠久，且普及於人類社會中，乃因宗教於人類社會之存在有其重要功能意義。研究宗教行爲之人類學家，認爲宗教存在於人類社會有三大功能，即生存功能、整合功能與認知功能。所謂生存功能是指宗教信仰可彌補安慰人類在與自然奮鬥以求生存之過程中所產生的挫折與憂慮；所謂整合功能即藉宗教之信仰使人類社會生活更爲充滿和諧；而認知功能是指宗教信仰維持人類認知過程的持續發展。〔註1〕在臺灣的開發拓墾中，寺廟之興建爲一極佳例證。

　　廟宇可以說是臺灣漢人社會形成的重要指標，鄭氏時期，臺灣漢人社會逐漸形成，而漢人社會的形成不再僅根基於移民數量的多寡，也在於政治、經濟、社會等文化條件的移入，而反映社會文化最明顯的就是廟宇的建置，

〔註1〕李亦園，《信仰與文化》，臺北：巨流圖書，1978年，頁12。

〔註2〕隨著人群的聚集，廟宇開始大量出現。廟宇不僅是移民者的精神慰藉與寄託，亦是凝聚力量、團結互助之所在。

由於府城爲早期大陸來臺墾殖者最先登陸的地點，而且爲從事工商業者定居之處，所以其地緣關係，包羅閩、粵二省的各地之移民，且不僅將其原籍地之民間信仰傳入府城。而移民在臺建廟除祈求神明庇佑之外，同時也透過參與寺廟的活動來連繫群體的感情與認同，在商業發達活絡的五條港區，包含了漳、泉移民及眾多郊商，故而在信仰上呈現多樣化。

府城所信奉的神明種類之多，廟宇數量居全臺之冠，其信仰大體可分爲下類四種類型：〔註3〕

1、以地緣爲中心的守護神，在同鄉聚居的地區，通常形成以奉祀原鄉神明的祭祀圈，各以其寺廟爲中心，形成不同的地域單位。此類寺廟大多供奉原鄉的鄉土神明，如泉州籍移民所屬廟宇有開山宮（祀保生大帝）；漳州籍移民所屬廟宇有總趕宮（祀倪總管）。

2、早期移民遠渡重洋來臺開墾，又不時要面對種種的天然與人爲的災害，因此所信仰的神明成爲精神與生存的慰藉。此類信仰多超越地緣和行業別的共同信仰，如媽祖。

3、各行各業均有其共同奉祀神明，如郊商、船夫多奉祀媽祖、水仙王。

4、府城於清代曾是全臺的行政、軍事中心，又爲縣治所在地，多官建祀典廟宇，如大天后宮、祀典武廟、風神廟。

〔註2〕徐雪霞，〈明鄭時期漢人在臺灣的拓展〉，《臺南文化》，第 18 期，1984 年，頁 218。

〔註3〕洪敏麟，《臺南市市區史蹟調查報告書》，臺中，臺灣省文獻委員會，1977 年，夜 31～32。

圖 24　總趕宮

資料來源：筆者拍攝（攝於 2013 年 6 月 13 日）

圖 25　開山宮

資料來源：筆者拍攝資料來源：筆者拍攝（攝於 2013 年 6 月 13 日）

圖 26　祀典武廟

資料來源：筆者拍攝資料來源：筆者拍攝（攝於 2013 年 6 月 13 日）

五條港區的廟宇，若依上述的四種信仰類型分類，可分爲以下四種類型：
〔註 4〕

（一）地緣型廟宇

五條港區來自泉州移民所創建的廟宇有開山宮、集福宮、聚福宮、崇福宮、西羅殿、六姓府等九間廟宇。漳州籍的廟宇有總趕宮一間。由此可以看出五條港區主要是漳洲、泉州移民分佈的地區，又以泉州人居多。〔註 5〕由於此區爲府城貨物的進出口處，而碼頭工人多來自泉州三邑，如來自泉州晉江，聚集在新港墘港的黃姓碼頭工人、佛頭港的蔡姓碼頭工人、南勢港的許姓碼頭工人、安海港的施姓碼頭工人，在南河港的盧姓碼頭工人亦來自泉州晉江，而郭姓碼頭工人則來自泉州南安。由祀奉這些廟宇的民眾來看，亦符

〔註 4〕此分類本文引用楊秀蘭〈清代臺南府城五條港區的經濟與社會〉此論文的分類。其在論文中，亦參考洪敏麟《臺南市市區史蹟調查報告書》，將五條港的廟宇分爲地緣別的廟宇、職業別的廟宇、共同信仰——有關人生禍福命運的廟宇、祀典廟宇等四類。
〔註 5〕楊秀蘭，〈清代臺南府城五條港區的經濟與社會〉，臺北：國立臺灣師範大學歷史研究所碩士論文，2004 年，頁 137。

合日治時期昭和三年（1928）的《臺灣在籍漢民族鄉貫別調查》，臺南市的
移民，以來自泉州府的有四萬六千九百人最多，其次為漳州人一萬七千兩百
人。〔註6〕

圖27　碼頭工人勢力範圍分布圖

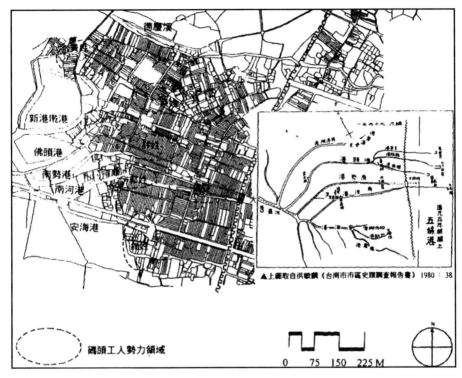

資料來源：吳秉聲，〈一個港區空間面貌的呈現——以清領時期「臺灣府城
　　　　　五條港區」為例〉，1998：21

（二）各行業型廟宇

　　五條港因為臨海，為貨物進出府城必經之地，是以府城的行郊多集中於
五條港區，而行郊的對外貿易皆須仰賴航海運輸，所以不論郊商、船戶或居
民，大多奉祀與航海有關的守護神，如水仙宮與海安宮為府城三郊辦事處，
祀奉水仙尊王與媽祖。居住在五條港區的居民，其行業多與航海有關，故所
祀奉的神明仍是以庇護海上航行的守護神為主，如開基天后宮、總趕宮、風
神廟等。聚集此區的碼頭工人所建的廟宇，集福宮、聚福宮、崇福宮祀奉玄

〔註6〕蔡相煇，《臺灣社會文化史》，臺北：國立空中大學，1998年，頁66。

天上帝，亦是具有海神性格的神明。〔註7〕

　　除行郊、船戶、碼頭工人所祀奉的海神外，五條港區店鋪、行號林立，這些商人所信仰的土地公與關聖帝君的廟宇則有景福祠、開基武廟等具有財神職能。另外，如醫藥業所祭拜的廟宇有開山宮（祀奉保生大帝）、藥王廟，在清時藥王廟周圍街市則是藥店集中的地區，在道光十八年（1838）的〈重修藥王廟碑記〉載「藥材郊喜助捐銀六十大員」。〔註8〕

圖 28　崇福宮

資料來源：筆者拍攝（攝於 2013 年 6 月 13 日）

〔註7〕楊秀蘭，〈清代臺南府城五條港區的經濟與社會〉，臺北：國立臺灣師範大學歷史研究所碩士論文，2004 年，頁 138。

〔註8〕《臺灣南部碑文集成》，〈重修藥王廟碑記〉，臺灣文獻叢刊第 218 種，臺北：大通書局，1995，頁 259～261。

圖 29 集福宮

資料來源：筆者拍攝（攝於 2013 年 6 月 13 日）

圖 30 聚福宮

資料來源：筆者拍攝（攝於 2013 年 6 月 13 日）

（三）共信型廟宇

清代臺灣的移民多由大陸渡海而來，以及居於五條港區的民眾，其所從事行業亦多與航運有關，爲祈求在海上平安，故媽祖、水仙尊王、玄天上帝等海神功能的神明，是港區的普遍共同信仰。爲驅疫消災，民間對王爺之類的瘟神也廣泛信仰，以及經商者爲求財源廣進，對於土地公（福德正神）亦多虔誠祭拜。

而這些沒有地域性區別的共同信仰，實有助於整合地方社會與族群的分離與對立作用，也促使港區不同的社群之間獲得統一與和諧。〔註9〕

（四）官祀型廟宇

臺南府城於清代時爲臺灣府治所在，亦爲行政、軍事中心，再加上清廷借著以神道設教的宗教力量來安定、教化民心，而有許多官祀廟宇，如位在五條港區的有大天后宮、海安宮、祀典武廟、風神廟等。〔註10〕

五條港因商業發展，不論是仕紳商賈或碼頭工人，當生意興隆或事業順遂時，則往往鳩資建廟，以酬謝神明的護佑。由於受港區的地理因素影響，廟宇大多分佈於港道的兩旁或源頭，如集福宮、金安宮、媽祖樓分佈在新港墘港的北岸；藥王廟、崇福宮、聚福宮分佈在佛陀港的岸邊，景福祠則位在佛陀港支流的王宮港、媽祖港、關帝港的匯流之處，而廣安宮、開基武廟、大天后宮亦位在此三條支流的源頭；水仙宮位在南勢港的源頭，臨近佛陀港，形成貿易的中心地帶，咸豐九年（1859）陳肇興〈赤崁竹枝詞〉：

> 東溟西嶼海潮通，萬斛泉源一葉風，日暮數聲欸乃起，水船都泊水
> 仙宮。〔註11〕

可知在咸豐年間，船隻可行駛至水仙宮前；沿著南河港兩旁的街市興築的廟宇有海安宮、風神廟、西羅殿、南沙宮；六姓府則是安海港支流番薯港旁的廟宇。且各港源頭的廟宇則多爲鄭氏時期的海岸邊所建，至清初開山宮、沙淘宮、總趕宮、大天后宮、廣安宮、開基武廟等，均位在濱海之地，也是船隻往來貿易的重要據點。〔註12〕

〔註9〕楊秀蘭，〈清代臺南府城五條港區的經濟與社會〉，臺北：國立臺灣師範大學歷史研究所碩士論文，2004年，頁138。

〔註10〕楊秀蘭，〈清代臺南府城五條港區的經濟與社會〉，臺北：國立臺灣師範大學歷史研究所碩士論文，2004年，頁139。

〔註11〕陳肇興，《陶村詩稿》，卷四〈赤崁竹枝詞〉，臺灣文獻叢刊第144種，臺北：大通書局，1995年，頁48。

〔註12〕楊秀蘭，〈清代臺南府城五條港區的經濟與社會〉，臺北：國立臺灣師範大學

　　由上述可看出，這些寺廟多座落於人潮往來、交通便利之處，使其周遭形成一個新的交易集結地點，形成廟市，開啓商機，寺廟附近遂爲店舖門市、攤販雲集之處，久之形成商業街肆，帶動了旅館業、餐飲業、物產業、香鋪業、運輸業等等的繁榮。而港區的繁榮，促成各行各業的興起，各行業又組成了各類民間團體，如神明會、祖公會、共祭會、子弟會、行郊等。行郊表面上以祀奉某一神明爲目的，實則藉此約束各會員遵守同業規約，互助敦睦，進而增產置業，謀求發展，其辦事處往往設在寺廟，如臺南三郊的辦事處「三益堂」便設在水仙宮。〔註13〕

　　五條港區的發展更是與寺廟有密不可分關係，這與其地理環境、移民背景、行郊組織有密不可分之關係，故港區海神信仰普遍。五條港是海上貿易的港汉，對於航海的守護神如媽祖、玄天上帝、水仙尊王等特別尊崇，其中又以媽祖的信仰最爲興盛，在港區主祀媽祖的廟宇有大天后宮、媽祖樓、海安宮、金安宮。主祀水仙尊王的有水仙宮，爲臺南三郊辦事處。另有風神廟祭拜風神爺和總趕宮祭拜倪聖公皆爲航海的保護神祇。主祀玄天上帝的廟宇有集福宮、崇福宮、聚福宮，此三間廟皆爲移民自泉州晉江的碼頭工人所建。

　　而搬運工人又與郊商航運販輸貨物有關，共生的依存關係，有著上下游之鎖鏈關係，形成外緣之次團體組織，而這些社會關係的運作，大多展現在廟宇及宗教活動中。如定期在五條港所舉行龍舟賽，由三郊負責費用與獎品，而參與者多爲碼頭工人，晚清進士許南英曾詩云：「佛陀港裡鬥龍舟，擁擠行人到岸頭」，〔註14〕足見當時競賽之盛況。

　　其中最值得注意的是位在南河港旁的西羅殿與郭姓碼頭工人。西羅殿爲泉州南安縣郭姓移民所建，全臺祀奉廣澤尊王之廟宇多以其爲祖廟。康熙年間，泉州府南安縣郭姓移民捧著家鄉鳳山古廟廣澤尊王分身渡臺，據南河港營生。〔註15〕西羅殿最早只是利用簡單的屋舍供奉廣澤尊王，因廣澤尊王又稱「郭聖王」，故初稱「聖王公館」，公館附近因而慣稱「館口」，公館旁並有

　　　歷史研究所碩士論文，2004年，頁139～140。
〔註13〕卓克華，《從寺廟發現歷史》，臺北：揚智文化事業，2003年，頁10。
〔註14〕晚清進士許英南詩，引自鄭道聰，〈春風已過鳳城西──五條港行記〉，《城鄉生活雜誌》，1994年，頁9～22。
〔註15〕游醒民，《臺南市志》，卷二〈人民志‧禮俗宗教篇〉，臺南：臺南市政府，1979年，頁102。

海尾館，爲碼頭工人休憩之地方。隨著郭姓碼頭工人勢力增加，開始翻修，成爲附近居民信仰的廟宇。

由於郭姓碼頭工人所在的南河港，因大井頭淤淺，船隻必須在西羅殿附近換小船，再由碼頭工人拉繂進府城，故而郭姓碼頭工人便主控了此項工作，後經不斷努力，有不少族人擠身於行郊中，如嘉慶年間，三郊領導人物中，便有西羅殿郭拔萃及其族人郭邦傑、郭子璋等，其皆出自郭姓碼頭工人。道光年間三郊大權操於六家老商號之手，其中「益瑞號」便是郭拔萃及其族人所屬商號。〔註16〕

而「做十六」是府城特有之習俗，且源自五條港區。於府城民俗中，相信七娘媽職司保護孩童，認爲年過十六者，方始成年，才脫離七娘媽的呵護，故有做十六的儀式習俗，〔註17〕《安平縣雜記》載：

> 有子十六歲者，必於是年買紙糊彩亭一座，名曰「七娘亭」。備花粉、香果、酒醴、三牲、鴨蛋七枚、飯一碗，於七夕晚間，命道士祭獻，名曰「出婆姐」，言其長成不須乳養也。〔註18〕

由於碼頭工人中，不乏有未滿十六歲的童工，但依規定，未成年者僅能領取半薪工資，所以碼頭工人家裡有小孩年滿十六，到七夕這天則爲小孩舉行「做十六」儀式，以此證明小孩已長大成人，今後可領取全薪工資。而此種碼頭工人「做十六」的習俗，逐漸傳入城內，再由男子擴及女子，形成男女均有做十六之習俗，且府城開隆宮，俗稱七娘媽廟，每年七夕都有舉行「做十六」的儀式習俗。〔註19〕

〔註16〕 漢聲雜誌於民國 77 年（1988）採訪西羅殿 70 歲的總務郭雲鵬之資料。張會媛，〈尋找臺灣的泉州人〉，《漢聲》，第 19 期，1988 年，頁 36～39。

〔註17〕 何培夫，〈七月七日浪漫多情〉，《府城文物傳奇》，臺南：臺南市政府，1997 年，頁 63。

〔註18〕 不著撰人，《安平縣雜記》，臺灣文獻叢刊第 52 種，臺北，大通書局，1995 年，頁 5。

〔註19〕 范勝雄，〈府城的生命膜拜〉，《府城叢談 2》，臺南：日月出版，1998 年，頁 70。

圖31　西羅殿

資料來源：筆者拍攝（攝於 2013 年 6 月 13 日）

　　再者，五條港區為數最多的屬王爺廟，這也是閩南沿海居民信仰的特色。閩南沿海居民為避免瘟疫流行，而有「迎王爺」、「送王船」的習俗，用以祈求闔境平安，故王爺亦是港區的信仰主流。在臺南府城最早有紀錄王爺信仰風俗的是康熙五十九年（1720）《臺灣縣志》：

> 臺尚王醮，三年一舉，取送瘟之義也，附郭鄉村皆然。境內之人，
> 鳩金造舟，設瘟王三座，紙為之。延道士設醮，或二日夜、三日夜
> 不等，總以末日盛設筵席，名曰請王。進酒上菜，擇一人曉事者，
> 跪而致之。酒畢，將瘟王置船上，凡百食物、器用、財寶，無一不
> 具。十餘年以前……醮畢，送至大海，然後駕小船回來。近年……
> 醮畢，抬至水涯焚焉。凡設一醮，動費數百金，即至省者亦近百焉，
> 真為無益之費也。沿習既久，禁止實難。〔註20〕

王爺又稱千歲、府千歲、千歲爺、王公、大人等，臺灣民間習稱王爺。所送的王船因潮流的影響，多漂流至臺灣西部海岸，民眾所撿獲的王船及王爺神

〔註20〕陳文達，《臺灣縣志》，〈輿地志一・風俗〉，臺灣文獻叢刊第 103 種，臺北：
　　　大通書局，1995 年，頁 60。

像，基於信仰習俗，皆蓋廟祀之，此為臺灣西部沿海多王爺廟之原因，另有移民分靈自家鄉或顯靈託夢的情形，均為導致王爺廟居多之因。〔註21〕

五條港區的王爺廟有主祀池府王爺的普濟殿及廣安宮、主祀蕭大帝（蕭何）的慈聖殿、主祀厲王張巡的厲王公、主祀黃府千歲的沙淘宮及主祀李、池、吳、朱、范五府千歲的保安宮。除此之外，碼頭工人所建的廟宇，也都有陪祀王爺，如主祀玄天上帝的崇福宮，除了農曆三月三日玄天上帝聖誕外，廟中諸府王爺也合於農曆五月五日一同慶祝。

由下表（八）所列之寺廟，可發現祀奉媽祖與王爺的寺廟占最多，也清楚地顯示出五條港區的信仰型態。再者，這些寺廟多在康熙與乾隆年間創建，可見五條港區在康熙至乾隆年逐漸形成。

表八　五條港區的廟宇

五　條　港	廟　宇	祀　神	創　建　時　間
新港墘港（咾咕石港）	普濟殿	池王爺	永曆二十二年（1668）
	集福宮	玄天上帝	乾隆元年（1736）
	媽祖樓	媽祖	乾隆二十年（1755）
	金安宮	媽祖	嘉慶十四年（1809）
佛頭港（含王宮港、媽祖港、關帝港三條支流）	廣安宮	池王爺	永曆年間
	大天后宮	媽祖	永曆十七年（1663）
	開基武廟	關聖帝君	永曆二十三年（1669）
	厲王宮	厲王張巡	康熙二十二年（1683）
	藥王廟	藥王大帝	康熙五十七年（1718）
	景福祠	福德正神	乾隆十五年（1750）
	崇福宮	玄天上帝	道光五年（1825）
	慈聖殿	蕭大帝（蕭何）	道光十八年（1838）
	聚福宮	玄天上帝	光緒八年（1882）
南勢港	水仙宮	水仙尊王	康熙五十四年（1715）
	海安宮	媽祖	乾隆五十三年（1788）
	金華府	關聖帝君	道光十年（1830）

〔註21〕范勝雄，〈府城「城西」故事〉，《臺灣文獻》，第 43 卷第 4 期，1992 年，頁 161。

南河港	西羅殿	廣澤尊王	康熙五十七年（1718）
	風神廟	風神爺	乾隆四年（1739）
	南沙宮	黃府千歲	乾隆十一年（1746）
安海港（含松仔腳港、外新港、番薯港三條支流）	總趕宮	倪聖公	永曆年間
	開山宮	保生大帝	永曆十六年（1662）
	沙淘宮	中壇元帥	永曆二十三年（1681）
	神興宮	福德正神	康熙年間
	保西宮	葉府千歲	康熙五十七年（1718）
	六姓府	順王爺	咸豐七年（1857）

資料來源：洪敏麟，《臺南市市區史蹟調查報告書》，1977。
　　　　　許淑娟，《臺灣地名辭書——臺南市》，1999年。
　　　　　楊秀蘭，〈清代臺南府城五條港區的經濟與社會〉，2004。

第二節　三郊與港區宗教活動

　　清代臺灣社會，因荒蕪初啓，天災疫害頻仍，加以官府力量薄弱，兵燹屢屢，民間互助合作風氣特盛，常有組織結社，多由同鄉、同族、同業組成，以共同信仰神明爲中心而結合之，因之促成寺廟興建與發展。故臺灣的廟宇不僅是民間信仰中心，同時也成爲聚落自治及行會自治之中心，具有自衛、自治、涉外、社交、教化、文化、娛樂等多元化之社會功能，舉凡地方治安、產業、交通、教育、聯誼、娛樂……等，莫不透過寺廟來推行。故港區的士紳、郊商往往運用寺廟推行地方建設，興辦慈善公益事業，進而教化百姓，平定變亂，維持社會秩序，促進商務繁榮。〔註22〕

　　五條港區既爲府城商貿所在，行郊自是集中於此。郊商爲經營臺灣與大陸之間貿易之躉貨批發者，海上貿易須賴海舶往返臺灣海峽，當時航海技術未臻發達，船隻設備簡陋，遠涉重洋，風濤險惡，爲祈求航途平安，人貨兩全，營利而回，是以對職司「航海」之神明奉爲守護神，尊崇特加，而媽祖與水仙尊王皆爲航海守護神，故爲郊商海客所崇信，尊爲安瀾之神。〔註23〕

　　且郊之組成既淵源於宗教，利用共同信仰之神明以召集團體，統治會中諸行號，推行本郊業務，而行郊領袖往往即爲主祭者，每年於行神誕辰日曆

〔註22〕 卓克華，〈臺灣寺廟對地方貢獻〉，《臺北文獻》，第38期，1976年，頁178。
〔註23〕 卓克華，《清代臺灣的商戰集團》，臺北：臺原出版社，1990年。頁148。

有大祭，屆時郊商們均會出席，祭後即舉行會議，商定組織公共事宜，或改選爐主，或議定貨價，或懲處犯規者等，咸在神明面前舉行，以示其神聖尊嚴與公平無私。最後共用神胙，並獻戲娛神，兼且自娛，藉以聯絡感情，加強團結。〔註24〕而行郊辦公處所多數設於寺廟之內，以方便郊中事務的推行與聯絡郊中成員。嘉慶年間臺南三郊於五條港區的水仙宮邊室設「三益堂」，俗稱三郊議事公所，三郊若有急要公事或地方公事、捐金濟用，均會傳集各郊於三益堂，且亦擔負協調五條港的進出口業務、維護治安、疏通港道等工作。〔註25〕似此帶有濃厚之宗教性質，是以其組織名稱多爲宗教名詞，如會員之稱爐下、爐腳，執掌郊務及祭祀者稱爐主，其下有籤首協助辦理。而其改選則於每年神誕祭典日擲筊決定。丁紹儀《東瀛識略》曾載：

　　三郊……年輪一戶辦郊事者曰爐主，蓋酬神時焚楮帛於爐，推眾一

　　人主其事，猶內地行商有董事、司事、值年之類。〔註26〕

協助掌理郊務的籤首，則是在大祭典時，預定順序，按月輪流執務。如三郊設立大籤三支，由各郊輪流值東辦事者執掌。爐主處理平時商務及地方事務外，主要負責辦理祭祀事宜，在《臺灣私法商事篇》曾提及臺南三郊規約，明定爐主所要執行的祭祀活動：

　　值東應值公事，如佛生日宴會、鹿耳門普渡、舺仔普渡及宴會、開

　　港諸件，公費由三郊款內支銷。〔註27〕

因行郊之組織型態爲神明會，故特重祭祀，在其歲出的經費中以祭祀事宜的支出占最多，例如三郊就時常舉辦府城各媽祖廟的祭典，而祭典的支出佔三郊歲支出中之 42.6%，〔註28〕可見祭祀活動在行郊的重要性。由此可知行郊與宗教之間關係密切，而寺廟則是其間的重要的媒介。

　　就臺南三郊從乾隆至光緒年間對廟宇修建，以碑文所見，有十七件之多，爲三郊參與地方事務中所占最多。如乾隆三十年（1765）〈水仙宮清界碑記〉，雖是諭令附近居民清除廟前雜穢與被侵佔之官道，以肅觀瞻，以及疏通南勢

〔註24〕卓克華，《清代臺灣的商戰集團》，臺北：臺原出版社，1990 年。頁 150。
〔註25〕卓克華，《清代臺灣的商戰集團》，臺北：臺原出版社，1990 年。頁 65。
〔註26〕丁紹儀，《東瀛識略》，卷三〈習尚〉，臺灣文獻叢刊第 2 種，臺北：大通書局，1995 年，頁 33。
〔註27〕《臺灣私法商事篇》，臺灣文獻叢刊第 91 種，臺北：大通書局，1995 年，頁 17。
〔註28〕洪敏麟，《臺南市市區史蹟調查報告書》，臺中：臺灣省文獻委員會，1979 年，頁 30。

港的淤塞，以利暢通，但於碑末載：

> 緣水仙宮歷年多，施澤久；廟稍荒，而神像剝。癸未冬，北郊列號
> 起而繪藻粧飾之，計費金六百大員……北郊商民蘇萬利等、徐盛寧、
> 新泉源、黃駿發、泉裕、德盛、徐德順、泉德、黃六吉，董事呂寶
> 善、林大欽、李殿輔、林起珍、李朝璣、陳行忠、侯錫璠、住持僧
> 克宣同立碑。〔註29〕

乾隆癸未年爲乾隆二十八年（1763），北郊商民等出資六百元粧修水仙宮。此後則未見水仙宮之修建碑文，直至日治時期大正六年（1917）方見〈重修水仙宮〉碑文。另外，每年除夕夜，三郊會在水仙宮前，出資演出「避債戲」，且通宵達旦，凡欠債無力償還者，到該處看戲，可暫時躲避債主追討。

　　乾隆五十七年（1792）〈重興大觀音亭碑記〉其捐獻名單中有「北郊蘇萬利、南郊金永順、糖郊李勝興，各捐銀一百大元」，除北郊、南郊、糖郊之外，亦出現臺郡生藥郊，捐銀十二大元、煙籤郊金合順捐銀十大元。〔註30〕由此即可看出，乾隆五十七年雖有北郊、南郊、糖郊，未合稱「三郊」，在捐款金額上，北郊、南郊、糖郊各捐銀一百元，爲所有捐獻者的最高金額，顯示此三大郊經營規模較臺郡生藥郊、煙籤郊金合順爲大。

　　以「三郊」公號捐助寺廟最早碑文爲嘉慶元年（1796）〈興修海靖寺殘碑〉，文中「三郊蘇萬利、金永順、李勝興捐六百元」，亦見郊商郭子璋捐二十元。〔註31〕

　　興濟宮有兩次捐獻紀錄，一爲嘉慶二年（1797）〈重修興濟宮碑記〉：

> 北郊蘇萬利、南郊金永順、糖郊李勝興合捐三百元……舊典鋪等
> 捐二十四元。新典鋪等捐□□□元。鋪戶石振聲捐十大元。鋪戶
> 吳寧盛捐四大元。鋪戶施錦玉捐四大元。鋪戶曾振明捐四大元。
> 鋪戶陳聰觀捐四大元。鋪戶錦同號捐四大元……鋪戶陳資盛捐四
> 大元。〔註32〕

〔註29〕《臺灣南部碑文集成》，〈水仙宮清界碑記〉，臺灣文獻叢刊第218種，臺北：大通書局，1995年，頁68～69。

〔註30〕《臺灣南部碑文集成》，〈重興大觀音亭碑記〉，臺灣文獻叢刊第218種，臺北：大通書局，1995年，頁537～544

〔註31〕《臺灣南部碑文集成》，〈新修海靖寺殘碑〉，臺灣文獻叢刊第218種，臺北：大通書局，1995年，頁545～547。

〔註32〕《臺灣南部碑文集成》，〈重修興濟宮碑記〉，臺灣文獻叢刊第218種，臺北：大通書局，1995年，頁547～548。

捐獻者除官員和信士外，行郊僅北郊蘇萬利、南郊金永順、糖郊李勝興，其餘皆是舖戶。相較於道光十七年（1837）〈興濟宮辛卯年重修碑記〉，捐獻者官員中有「太子太保子爵軍門王」王得祿捐銀三十元，又旗杆連檯一副。行郊有三郊，合捐銀一百二十元、杉郊舖捐銀四十元，以及眾多郊行、店舖，〔註33〕可見此次重修興濟宮的規模較爲盛大。而興濟宮雖位在城內，不屬於五條港區範圍內，顯示三郊所參與修建之廟宇，不僅限於五條港區，可見三郊在宗教活動的影響力擴及城內及城外的五條港區。

圖32　興濟宮

資料來源：筆者拍攝（攝於 2013 年 6 月 13 日）

開基武廟亦有兩次的捐獻。一爲嘉慶二十三年（1818）的〈重興開基武廟碑記（甲）〉、〈重興開基武廟碑記（乙）〉，三郊蘇萬利、金永順、李勝興各捐銀一百元、煙簽郊金合順捐銀十六元、藥材郊捐銀十二元、茶郊聖母捐銀三元半，以及眾郊、舖號。〔註34〕光緒二年（1876）〈重興開基武廟碑記〉，同

〔註33〕《臺灣南部碑文集成》，〈興濟宮辛卯年重修碑記〉，臺灣文獻叢刊第 218 種，臺北：大通書局，1995 年，頁 625～628。
〔註34〕《臺灣南部碑文集成》，〈重興開基武廟碑記（甲）〉、〈重興開基武廟碑記（乙）〉，臺灣文獻叢刊第 218 種，臺北：大通書局，1995 年，頁 572～573、

嘉慶二十三年（1818）亦有甲、乙兩碑，分「外境」、「內境」，而三郊蘇萬利、金永順、李勝興各捐銀五十大元，較嘉慶二十三年（1818）時少捐一半金額。芙蓉郊金協順聖母捐銀四十大元。三郊與芙蓉郊皆爲「外境」的捐獻額最多的，然「內境」行、舖最高捐獻額爲一百大元，〔註35〕可看出「內境」的捐獻者態度較「外境」積極。

　　而「內境」、「外境」的「境」則是「聯境」。聯境的產生是由於清代中葉後，府城守城軍力衰退，三郊沒落，而由境廟聯合起來，共同維持地方治安，稱爲聯境，並選舉其中財力雄厚、規模較大、地理位置重要的寺廟爲領袖，稱爲境主廟。清末，府城城內以及五條港區的聯境組織計有二十一境、十八境、八協境、六合境、八吉境、六興境、六和境、四安、三協境、七合境，每境則有所屬的境廟以及境主廟，如開基武廟則屬六合境，境主廟爲祀典武廟，其所屬境廟有靈佑宮、廣安宮、祝融殿、倉神廟、赤崁土地廟。〔註36〕

圖 33　開基武廟

資料來源：筆者拍攝（攝於 2013 年 6 月 13 日）

573～575。

〔註35〕《臺灣南部碑文集成》，〈重興開基武廟碑記（甲）〉、〈重興開基武廟碑記（乙）〉，臺灣文獻叢刊第218種，臺北：大通書局，1995年，頁717～718、718～719。

〔註36〕石萬壽，〈臺南市宗教誌〉，《臺灣文獻》，第，32卷第4期，1981年，頁7。

　　在五條港有四安、三協、七合三境。四安境境主廟爲良皇宮，所屬境廟有保安宮、沙淘宮、檺林宮、海防廳土地廟，負責小西門及王宮港、外新港（安海港支流）等城門、港道之安全。三協境，境主廟爲風神廟，所屬境廟有南沙宮、金華府、藥王廟等三廟，負責南勢港、南河港之安全。七合境境境主廟爲集福宮，但以普濟殿財力最大，所屬境廟有媽祖樓、金安宮、崇福宮、景福祠、聖君廟、粗糠崎土地廟，負責維持佛頭港、新港墘港、兌悅門的安全。於是寺廟不僅是信仰中心，更成爲民防中心〔註37〕

　　另外三郊對於供俸媽祖的廟宇捐獻的次數最多，共有四次之多，大天后宮三次，媽祖樓天后宮一次。媽祖樓天后宮於道光二十一年（1841）重興，三郊蘇萬利、金永順、李勝興合捐一百八十元、臺郡餉典合捐銀六十元、杉行長興號捐銀五十大元、煙籤郊金合順合捐銀二十元，及眾郊行、店鋪和船戶。
〔註38〕

圖34　媽祖樓天后宮

資料來源：筆者拍攝（攝於 2013 年 6 月 13 日）

大天后宮既爲官方祀典廟宇，又與三郊關係密切，故三次捐修的金額皆

〔註37〕 石萬壽，〈臺南市宗教誌〉，《臺灣文獻》，第 32 卷第 4 期，1981 年，頁 7。
〔註38〕 《臺灣南部碑文集成》，〈重興天后宮碑記〉，臺灣文獻叢刊第 218 種，臺北：大通書局，1995 年，頁 634～639。

不小。道光十年（1830）由三郊所主導興修的大天后宮，三郊則捐銀一萬五千餘元，府城布郊、煙籤郊、杉行郊、綢緞郊、絲線郊、綢緞布郊、鑶郊、花草郊均有所捐款。亦有府城以外的行郊，如鹿港頂郊、嘉笨籤郊、泉布郊、廈鹿郊等。除官員、行郊、店鋪、船戶外，從捐獻名單來看，尚有府城的街市、境、廟宇等團體共襄盛舉。〔註39〕在咸豐六年（1856）的〈天后宮捐提重修芳名碑記〉〔註40〕及咸豐八年（1858）的〈天后宮鑄鐘緣起碑記〉〔註41〕如同道光十年（1830）興修，所參與的行郊、店鋪較多，且捐獻金額較高，在碑文中亦載有府城以外的廟宇和郊、鋪參與捐修。可見官方、行郊對大天后宮的重視。

　　由於三郊所屬及管理之寺廟中，大天后宮皆具有官廟之性質，故其影響力是擴及全府城，三郊亦可藉由管理大天后宮以拓展其財富與勢力。而廟與廟之間可由聯境之組織產生互動關係，如道光十年（1830）〈重興大天后宮碑記〉中，捐獻者即有開基武廟、普濟殿、媽祖樓等。〔註42〕而三郊，如前所述，對於開基武廟、普濟殿、媽祖樓皆有捐獻之紀錄。

　　五條港區的廟宇除了三郊參與興修之外，其他的郊、鋪也都踴躍的捐輸。從廟裡的碑文，亦可發現其他的郊、鋪參與贊助的修建之工作，如佛陀港邊的景福祠，於嘉慶六年（1801）遭火災焚毀，後怡盛號、公源號、和順號、恆發號、協勝號……等三十餘號郊、鋪捐貲重修。〔註43〕道光三十年（1850）〈重修元和宮碑記〉捐修的行郊即有綢緞郊金義成、臺郡藥材郊、籤郊金義利、紙郊鍾金玉、煙籤郊金合順、臺郡杉郊鋪等。〔註44〕由此可知郊商對於寺廟的修建，都相當積極參與和贊助。

　　由表（九）可清楚看出，臺南三郊捐助寺廟興建，多集中於嘉慶至道光

〔註39〕　《臺灣南部碑文集成》，〈重興大天后宮碑記〉，臺灣文獻叢刊第218種，臺北：大通書局，1995年，頁592～595。

〔註40〕　《臺灣南部碑文集成》，〈天后宮捐提重修芳名碑記〉，臺灣文獻叢刊第218種，臺北：大通書局，1995年，頁671～673。

〔註41〕　《臺灣南部碑文集成》，〈天后宮鑄鐘緣起碑記〉，臺灣文獻叢刊第218種，臺北：大通書局，1995年，頁321～325。

〔註42〕　《臺灣南部碑文集成》，〈重興大天后宮碑記〉，臺灣文獻叢刊第218種，臺北：大通書局，1995年，頁592～595。

〔註43〕　《臺灣南部碑文集成》，〈重建景福祠碑記〉，臺灣文獻叢刊第218種，臺北：大通書局，1995年，頁162～163。

〔註44〕　《臺灣南部碑文集成》，〈重修元和宮碑記〉，臺灣文獻叢刊第218種，臺北：大通書局，1995年，頁656～659。

年間，咸豐年間僅兩例，同治年間無捐款紀錄，而光緒也只一例。若依道光三年（1823）後，臺江內海及五條港區之港汊淤積，行郊貿易路線受阻，使得運費增加，及花費大筆疏濬港道、開鑿運河的資金，導致其經濟衰退，可見臺南三郊的興衰與五條港的發展是同起同落的。

表九　三郊所捐助的寺廟一覽表

時　間	出　資　者	金　額	資料來源
乾隆三十年（1765）	北郊商民蘇萬利等		〈水仙宮清界碑記〉
乾隆三十七年（1772）	南北郊		〈重修柴頭港福德祠碑〉
乾隆五十七年（1792）	北郊蘇萬利、南郊金永順、糖郊李勝興	各捐銀一百大元	〈重興大觀音亭碑記〉
嘉慶元年（1796）	三郊蘇萬利、金永順、李勝興	合捐銀六百元	〈新修海靖寺殘碑〉
嘉慶二年（1797）	北郊蘇萬利、南郊金永順、糖郊李勝興	合捐銀三百元	〈重修興濟宮碑記〉
嘉慶十年（1805）	三郊蘇萬利、金永順、李勝興	共捐銀三百元	〈重建彌陀寺碑記〉
嘉慶十一年（1806）	三郊蘇萬利、金永順、李勝興	共捐銀六百元	〈重建旌義祠捐題碑記〉
嘉慶二十三年（1818）	三郊蘇萬利、金永順、李勝興	各捐銀一百元	〈重興開基武廟碑記〉
嘉慶二十四年（1819）	北郊蘇萬利、南郊金永順、糖郊李勝興	共捐銀三百三十元	〈普濟殿重興碑記〉
道光十年（1830 年）	總事三郊蘇萬利、金永順、李勝興	計捐銀一萬五千元	〈重興大天后宮碑記〉
道光十七年（1837）	三郊	合捐銀一百二十元	〈興濟宮辛卯年重修碑記〉
道光十八年（1838）	三郊蘇萬利、金永順、李勝興	喜助銀二百四十大元	〈重修藥王廟碑記〉
道光二十一年（1841）	三郊蘇萬利、金永順、李勝興	合捐銀一百八十元	〈重興天后宮碑記〉
道光三十年（1850）	臺郡三郊蘇萬利、金永順、李勝興	共捐佛銀一千大元	〈重修旌義祠碑記〉
咸豐六年（1856）	臺郡三郊蘇萬利、金永順、李勝興	捐銀三百四十元	〈天后宮捐題重修芳名碑記〉

咸豐八年（1858）	總事三郊蘇萬利、金永順、李勝興	合捐銀六百元	〈天后宮鑄鍾緣起碑記〉
光緒二年（1876）	三郊蘇萬利、金永順、李勝興	各捐銀五十元	〈重興開基武廟碑記〉

資料來源：1、黃典權，《臺灣南部碑文集成》，1995。
　　　　　2、黃典權，《臺南市南門碑林圖志》，1979。
　　　　　3、何培夫，《臺灣地區現存碑碣圖誌──臺南市篇》，1994。

第三節　三郊的關係廟宇

　　行郊主要是經營臺灣與大陸之間的貿易，故需常年往返臺灣海峽，以當時航海設備與船隻的簡陋，要平安渡過海上的風濤，除靠航行者的經驗與技術，在精神寄託上，就是憑藉著對神明的信仰。郊商們為了每次出航都能海途平安、人貨兩全，對於職司航海的神民特加尊崇，故媽祖與水仙尊王為行郊所推崇，奉為行業神。與臺南三郊有關的廟宇，除奉祀媽祖的大天后宮、海安宮、朝興宮溫陵廟及奉祀水仙尊王的水仙宮外，並有一間義民廟。

（一）水仙宮

　　水仙宮內主祀水仙尊王，因此水仙宮的位置通常多位於海邊或是兩岸貿易往來密切的地區，為昔日五條港地區中央的南勢港盡頭。據《福建通志臺灣府》載：

> 水仙廟在西定坊港口，祀大禹王，配以伍員、屈平、王勃、李白。
> 康熙五十四年，泉漳諸商建。〔註45〕

又康熙五十九年（1720）陳文達《臺灣縣志》載：

> 水仙宮，開闢後，鄉人同建，卑隘淺狹。康熙五十七年，歛金改建。
> 雕花縷木，華麗甲於諸廟。〔註46〕

　　可知康熙五十四年（1715）泉、漳諸商鳩資建立了水仙宮，主祀水仙尊王──大禹，大禹因治水有功，後被奉為水神。廟內除供奉水仙尊王外，尚供奉有配祀神及從祀神，其中從祀神為福德正神、三官大帝及觀音佛祖等，原供奉於後殿，後因日治時期拆除後殿而不知去向，所以目前廟內僅供奉水

〔註45〕《福建通志臺灣府》，〈壇廟〉，臺灣文獻叢刊第84種，臺北：大通書局，1995年，頁116。
〔註46〕陳文達，《臺灣縣志》，〈雜記志九・寺廟〉，臺灣文獻叢刊第103種，臺北：大通書局，1995年，頁211。

仙尊王及其配祀神。但關於配祀神爲何，在史料記載中並不相同，范咸《重修臺灣府志》：「水仙宮祀五像，莫詳姓氏，或曰大禹、伍員、屈原，又其二爲項羽、魯班，更有易魯班爲冪者，更屬不經，或曰王勃、李白」〔註47〕；王必昌《重修臺灣縣志》：「水仙廟在西定坊港口，祀大禹王，配以伍員、屈原、李白、王勃」〔註48〕。由此可知，配祀神中除伍員與屈原爲眾所認知外，其於二者在史料中則無共同的認知。就目前廟方所供奉之水仙尊王，於廟內大正六年的〈重修水仙宮碑記〉：「水仙尊王五像，一曰禹王、二曰冪王、三曰楚王、四曰伍大夫、五曰屈大夫是也」，其記載和廟內所載之各祀神慶典時間中的祀神名稱相一致，可知目前信眾所認知的水仙尊王爲大禹、伍員、屈原、冪王、項羽。這五尊神明皆與水有密切關係，所以後人尊稱爲水仙王，爲從事航海貿易的商賈貨船戶所崇奉。

乾隆三十年（1765）〈水仙宮清界碑記〉曾載當時水仙宮前之環境：

> 水仙之祀，不知所昉，祠官闕焉，獨濱海間漁莊蟹舍、番航貫舶崇奉之。……郡西定坊，康熙五十四年建廟，志稱「壯麗工巧，甲他祠宇」。蓋有其舉之，莫敢廢矣。廟前舊有小港，通潮汐，滌邪穢，居民便之，亦神所藉以棲託。歲久汙塞，市塵雜遝，交相逼處，遂侵官道……甲申歲，予諭左右居民撤除之，自祠前達小港，計袤共一十二丈，廣共三丈，氣局軒敞，廟貌莊嚴。〔註49〕

由於所在位置，當時爲港口，故廟前商行店鋪眾多，且廟宇壯麗工巧，甲他祠宇，可見當時水仙宮華麗壯觀。

乾隆六年（1741）商人們在水仙宮內設立「三益堂」，〔註50〕而後三益堂成爲臺南三郊處理商務的辦事處。因三益堂爲處理郊務、指揮調派工作的地方，水仙宮也因此成爲當時府城城西的商業中心。在嘉慶十二年（1807）《續修臺灣縣志》中所載的街道，府城西定坊城內、城外共有四十四條街之多，較東安、寧南、鎮北三坊爲多，可見水仙宮及其周圍的繁榮興盛。

〔註47〕 范咸，《重修臺灣府志》，卷十九〈雜記〉，臺灣文獻叢刊第 105 種，臺北：大通書局，1995 年，頁 548。

〔註48〕 王必昌，《重修臺灣縣志》，卷六〈祠宇志‧廟〉，臺灣文獻叢刊第 113 種，臺北：大通書局，1995 年，頁 178。

〔註49〕 《臺灣南部碑文集成》，〈水仙宮清界碑記〉，臺灣文獻叢刊第 218 種，臺北：大通書局，1995 年，頁 68～69。

〔註50〕 《臺灣南部碑文集成》，〈三益堂碑記〉，臺灣文獻叢刊第 218 種，臺北：大通書局，1995 年，頁 29～30。

　　水仙宮附近一帶，隨著商業的鼎盛，酒肆茶樓、青樓妓院亦隨之興起，咸豐九年（1859）陳肇興〈赤崁竹枝詞〉：

> 東溟西嶼海潮通，萬斛泉源一葉風。
>
> 日暮數聲欸乃起，水船都泊水仙宮。
>
> 水仙宮外是儂家，來往估船慣吃茶。
>
> 笑指郎身似錢樹，好風吹到便開花。〔註51〕

從詩中可知當時水仙宮外仍可見水船停泊的景象，隨著南勢港的淤塞，水仙宮前的景象亦完全改觀。光緒元年（1875）馬子翊《臺陽雜興》：

> 水仙宮外盡成途，滄海揚塵信不誣，
>
> 短短牆堆紅鞣韆，家家籬繞綠珊瑚。〔註52〕

水仙宮前的港道已西移遠離，成為街道通衢，而街道兩旁已有人家居住。使水仙宮前增添新面貌。咸豐八年（1855）因天津條約，臺灣開安平、打狗、淡水、雞籠四港通商，此後外商紛紛來臺貿易，洋商除在安平設洋行外，也有在水仙宮前的北勢街開設行號，而洋商多半輸入鴉片，購買臺灣的糖和樟腦，雖然水仙宮前的港口西移，但在光緒年間仍是行郊往來交易的熱鬧區域。〔註53〕

圖 35　水仙宮

資料來源：筆者拍攝（攝於 2013 年 6 月 13 日）

〔註51〕陳肇興，《陶村詩稿》，卷四〈赤崁竹枝詞〉，臺灣文獻叢刊第 144 種，臺北：大通書局，1995 年，頁 48。

〔註52〕馬子翊，《臺陽雜興》，收錄於《臺灣雜詠合刻》，臺灣文獻叢刊第 28 種，臺北：臺灣大通書局，1995 年，頁 60。

〔註53〕賴建銘，〈水仙宮今昔〉，《臺南文化》，第 3 卷第 1 期，1953，頁 34～35。

（二）大天后宮

大天后宮原是明寧靖王朱術桂府邸，於康熙二十三年（1684）依施琅之建議，爲收民心，改建府邸爲「天妃宮」，並奏准由天妃加封爲天后，康熙五十九年（1702）編入祀典。〔註54〕康熙三十四年（1695）高拱乾《臺灣府志》載：

> 天妃宮在府治鎮北坊赤嵌城南，康熙二十三年臺灣底定，神有效靈，靖海將軍侯施琅同諸鎮捐俸鼎建。棟宇尤爲壯麗；後有禪室，付住持僧奉祀。〔註55〕

可見大天后宮，最初爲天妃宮。雖寧靖王在殉國前將之邸捨佛寺，並由僧人宗福住持，但入清後，施琅除改建爲天妃廟外，並改聘福建省泉州府開元寺僧，臨濟宗第三十四世僧勝修任住持。勝修傳人也代代相承在大天后宮住持奉祀香火，至日治後始結束，而其歷代僧侶牌位仍保留在殿後。其後大天后宮的修建也多由當地官員主導捐修，官廟性質明確。〔註56〕如乾隆三十年（1775）〔註57〕與乾隆四十三年（1778）〔註58〕的重修皆爲臺灣知府所發起主導。

嘉慶二十三年（1818）大天后發生嚴重火災，廟內神像付之一炬，在陳國瑛《臺灣采訪冊》中有記載此事：

> 嘉慶二十三年戊寅三月十六日寅時，天上聖母廟災，中殿及後殿俱燼，神像、三代牌位蕩然無存。住持僧所蓄銀錢俱鎔化，惟大門一列尚存。凡火災燒至廟宇而止。此次專焚神像，殊堪詫異。〔註59〕

大火之後，大天后宮面臨廟宇重建、神像新雕、經費籌募等複雜問題，由此影響了大天后宮此後的發展與管理型態。

〔註54〕 王必昌，《重修臺灣縣志》，卷六〈祠宇志・廟〉，臺灣文獻叢刊第113種，臺北：大通書局，1995年，頁171～172。

〔註55〕 高拱乾，《臺灣府志》，卷九〈外志・寺觀〉，臺灣文獻叢刊第65種，臺北：大通書局，1995年，頁219。

〔註56〕 蔡相煇，〈北港朝天宮與臺南大天后宮的分合〉，《臺灣文獻》，第51卷第4期，2000年，頁144。

〔註57〕 《臺灣南部碑文集成》，〈重修天后宮增建更衣亭碑記〉，臺灣文獻叢刊第218種，臺北：大通書局，1995年，頁64～66。

〔註58〕 《臺灣南部碑文集成》，〈重修天后宮碑記〉，臺灣文獻叢刊第218種，臺北：大通書局，1995年，頁115～117。

〔註59〕 陳國瑛，《臺灣采訪冊》，〈祥異〉，臺灣文獻叢刊第55種，臺北：大通書局，1995年，頁44。

　　大天后被焚毀後，天后祀典則無法舉行，且大天后宮規模宏偉，重修的巨額款項實非臺灣府所能負擔，知府鄭佐廷乃發起募捐，並委請三郊協助。

　　重建工程自嘉慶二十三年（1818）至道光十年（1830），歷經十二年才完成此浩大工程，在左側神龕祀奉水仙尊王，右側神龕祀奉四海龍王，皆是與水有關之神祇。此次三郊合捐銀一萬五千餘元，是一筆相當大的支出，足可見三郊在嘉慶、道光年間的勢力，此後三郊也漸漸參與大天后宮的經營。〔註60〕

　　咸豐六年（1856）的重修〔註61〕、咸豐八年（1858）〔註62〕的鑄鐘均由三郊主導，除三郊外，府城的行郊、店鋪、各街境均踴躍捐輸，此外尚有笨港、鹿港之行郊共襄盛舉。直到同治年間後，由於三郊沒落，已無餘力管理、維護如此的大廟，廟埕竟被侵佔，甚至搭寮出租謀利。〔註63〕

圖 36　大天后宮

資料來源：筆者拍攝（攝於 2013 年 6 月 13 日）

〔註60〕蔡相煇，〈北港朝天宮與臺南大天后宮的分合〉，《臺灣文獻》，第 51 卷第 4 期，2000 年，頁 146～147。

〔註61〕《臺灣南部碑文集成》，〈天后宮捐提重修芳名碑記〉，臺灣文獻叢刊第 218 種，臺北：大通書局，1995 年，頁 671～673。

〔註62〕《臺灣南部碑文集成》，〈天后宮鑄鐘緣起碑記〉，臺灣文獻叢刊第 218 種，臺北：大通書局，1995 年，頁 321～325。

〔註63〕《臺灣南部碑文集成》，〈天后宮禁築草寮碑記〉，臺灣文獻叢刊第 218 種，臺北：大通書局，1995 年，頁 515。

（三）海安宮

供俸媽祖，位於南勢港南畔，沿港道而上，可通水仙宮。其創建年代爲乾隆五十三年（1788），爲欽差大臣福康安偕衆官共建，郡守楊廷理成其事，且籌置香燈貲，有上橫街店厝二所，年收稅銀一十八兩，錢四千八百文。又其兩旁曠地付居民蓋搭，歲收租番銀一十二餅。更右畔小船澳一所，歲收番銀一十餅。至嘉慶三年（1798）董事趙寶、紳衿陳啓良、郭拔萃輩倡修，增置禾寮港街店一所，年收租銀六十餅。廟內有御書扁曰「佑濟昭靈」。〔註64〕而後將其交付三郊管理，被認定具有官廟性質，每月府縣官吏必到此參拜。另有一說法是稱，此廟爲乾隆元年（1736）由三郊成員集資五千圓所建。〔註65〕但不論何種說法爲是，海安宮爲無疑是三郊重要之廟產及根據地。

圖 37　海安宮

資料來源：筆者拍攝（攝於 2013 年 6 月 13 日）

（四）義民祠（旌義祠）

義民祠建立於乾隆五十二年（1787）林爽文亂後，爲崇祀在剿討逆賊林

〔註64〕謝金鑾，《續修臺灣縣志》，卷二〈政志・壇廟〉，臺灣文獻叢刊第 140 種，臺北：大通書局，1995 年，頁 64～65。

〔註65〕許淑娟等，《臺灣地名辭書──臺南市》，臺中：臺灣省文獻委員會編印，1999年，頁 214。

爽文中不幸死難的義民。林爽文之役時，三郊爲維持五條港區的商業活動，因而醵金招募義民，頒給白布旗號，助平林爽文之亂。義民祠成立之後，臺灣府知府楊廷理又捐俸買下祠旁店屋，置田收息，作爲祭祀費用。並明定凡爲朝廷而捐軀者，一概入祀義民祠，以安忠魂。林爽文之役殉難義民包括義首郭邦燦等共二百四十七人。〔註66〕

　　義民祠與三郊的關係主要肇始於嘉慶年間的蔡牽之役。蔡牽於嘉慶五年（1800）開始進犯鹿耳門，擄掠商船，致使郊商蒙受極大損失，嘉慶九年（1804）又兩次攻佔鹿耳門，肆意掠劫船舶，更威脅五條港區的危險，三郊爲保全自身的生命與財產，在嘉慶十年（1805）蔡牽又再度進犯鹿耳門時，號召義民，隨軍剿討蔡牽。事後三郊爲死難的義民商請入祀義民祠，並重新整修義民祠，嘉慶十一年（1806）〈重建義民祠碑記〉曾載此事。〔註67〕

　　此篇碑文亦收錄於謝金鑾《續修臺灣縣志》中。〔註68〕另外，同在嘉慶十一年（1806）的〈建旌義祠捐題碑記〉中，則載捐修的郊商及金額，且捐款者皆爲三郊之郊商。〔註69〕

（五）溫陵廟（今朝興宮溫陵廟）

　　溫陵廟，始建年代不詳，於嘉慶十二年（1807）謝金鑾《續修臺灣縣志》載有此廟：

　　　　南寧坊上橫街廟，名曰溫陵祖廟，泉人建。〔註70〕

又稱溫陵祖廟、溫陵媽廟，奉祀媽祖，在清代又爲溫陵會館，係當時泉州人旅臺的同鄉會館，於道光年間有兩次修建。〔註71〕

　　原廟址爲今日臺南市中西區忠義路二段一〇九號及一一一號，民國五十

〔註66〕《臺灣南部碑文集成》，〈重建義民祠碑記〉，臺灣文獻叢刊第218種，臺北：大通書局，1995年，頁186。

〔註67〕《臺灣南部碑文集成》，〈重建義民祠碑記〉，臺灣文獻叢刊第218種，臺北：大通書局，1995年，頁186～187。

〔註68〕謝金鑾，《續修臺灣縣志》，卷七〈藝文‧記〉，臺灣文獻叢刊第140種，臺北：大通書局，1995年，頁518～519。

〔註69〕《臺灣南部碑文集成》，〈重建旌義祠捐題碑記〉，臺灣文獻叢刊第218種，臺北：大通書局，1995年，頁565～566。

〔註70〕謝金鑾，《續修臺灣縣志》，卷二〈政志‧壇廟〉，臺灣文獻叢刊第140種，臺北：大通書局，1995年，頁65。

〔註71〕《臺灣南部碑文集成》，〈重建後殿碑記〉、〈重興溫陵聖母碑記〉，臺灣文獻叢刊第218種，臺北：大通書局，1995年，頁604～606、639～641。

四年（1965）拆毀他遷，當時爲了護廟，信徒曾與該筆土地的所有權人纏訟多年，在敗訴後，該廟最終被迫遷離，與營仔腳朝興宮合併。〔註72〕而今廟現址，地處於五條港區濱海之處，位於舊運河之南岸，因位居鎮海營之下，故名「營仔腳」。其上有海安宮，再後爲水仙宮，至是連成一線，皆爲三郊所屬廟宇。〔註73〕

圖 38　朝興宮溫陵廟

資料來源：筆者拍攝（攝於 2013 年 6 月 13 日）

〔註72〕許淑娟等，《臺灣地名辭書——臺南市》，臺中：臺灣省文獻委員會，1999 年，頁 121。
〔註73〕鹿耳門史蹟研究會，《鹿耳門與臺郡三郊史話》，臺南：正統鹿耳門聖母廟，1999 年，頁 118。

第五章　結　論

　　臺南府城是臺灣最早開發的地方，也是清代臺灣的府治所在，在歷史發展上佔有極重要的地位。然府城是為清代臺灣政治、經濟、文教中心，素來吸引學者的研究和關注，但五條港卻常為人們所忽視、遺忘。在乾隆四十九年（1784）鹿港開設正口前，府城鹿耳門是唯一可以與大陸廈門對渡的港口，故而商業發展興盛，街市店舖林立、鉅賈櫛比。靠府城西邊的五條港為府城對外貿易的港區所在，也是府城行郊聚集之處，臺南三郊的辦事處「三益堂」即設在此區的水仙宮，故五條港成為清代府城對外貿易的中心。

　　「五條港」之名，於清代臺灣諸方志中，並未出現，僅以街道或港汊名稱出現。至光緒十七年（1891）唐贊袞《臺陽見聞錄》：「臺南縣城內外水溝，自前臺灣道劉蘭舟觀察籌款修築，積久淤塞，且舊基亦多傾圮。時屆夏令，地防阻逆，穢氣鬱蒸，亟宜疏濬重修，以利水道，而弭疾疫……其西城外五條港，亦一律疏濬」。〔註1〕始見「五條港」名。

　　然自乾、嘉年間，五條港眾商雲集，街衢繁華，至道光年間，發展達於鼎盛，道光十三年（1833）閩浙總督程祖洛曾提到府城「西門外地方與鹿耳門、安平鎮互相特角，實郡城咽喉，亦米糧財貨積聚之所」，〔註2〕所謂「西門外」即指對外貿易，貨物聚集的五條港，由此可知五條港在清代府城的經濟所佔之地位。

〔註1〕唐贊袞，《臺陽見聞錄》，卷下〈勝景〉，臺灣文獻叢刊第 30 種，臺北：大通書局，1995 年，頁 124。
〔註2〕《臺案彙錄甲集》，〈閩浙總督程祖洛奏請酌籌臺灣善後事宜褶〉，臺灣文獻叢刊第 31 種，臺北：大通書局，1995 年，頁 110。

　　五條港區原本是一望無際的臺江內海，明末清初時，臺江汪洋浩瀚，可泊千艘，故荷蘭人認爲此處的港灣條件極佳，符合其發展轉口貿易的地點，所以臺南自荷據時期，即因擁有臺江內海此一地理優勢，爲府城的海上貿易提供了優渥的港灣條件，使得府城的商業繁榮興盛，但歷經清代二百餘年的歲月，臺江最終因淤塞而失去港口機能，府城對外航逞受阻，其經濟爲此大受衝擊遂而失去其經貿發展優勢，而五條港自此而逐漸沒落。

　　臺江的淤塞與陸化，可從海岸線的變遷、渡口的轉移、市街的出現、廟宇的興建年代爲佐證。從今日府城廟宇坐落地點、碑刻內容以及方志等文獻資料，可以清楚得知府城當時的海岸線變遷，以及其海岸線的約略位置。從荷據及鄭氏時期，海岸線約在赤崁樓、大井頭（今永福路二段與民權路二段交會路口即爲今大井頭遺址）一帶，至清康熙時已前進至今日西門路一線，但其渡口仍是在大井頭。乾隆時期，府城對外的渡口已由大井頭改至鎮渡頭（今風神廟與接官亭旁），可證明臺江陸浮日趨顯著。直到道光三年（1823）七月的大風雨，使得曾文溪改道，向南流入臺江，造成臺江陸浮成地，海岸線再向西推移至安平。

　　隨著臺江的淤淺，府城對貿易港口亦隨之改變。17 世紀，荷據時期，大員港是臺灣西南海岸條件較爲優越的港口，然 1631 年（明崇禎 4 年），荷蘭人已發現大員港有日漸淤淺的現象，浮沙使得船隻進出困難，到了鄭氏時期，大員港遂爲鹿耳門所取代。雖然鹿耳門港海道形勢危險，行船不易，但該港爲當時巨艦可出入臺江的海港，因此康熙二十三年（1684）臺灣入清後，鹿耳門仍是府城的主要出入門戶，也是全臺灣唯一對外正口，與廈門對渡，凡從廈門來臺大商船及臺屬的小商船，均須由此出入，並設關口盤驗。自道光三年（1823）後，臺江淤積，海岸線西移，鹿耳門因淤淺而不通舟楫，商船來臺只能泊於四草湖、國賽港及安平大港，鹿耳門自此被取代。

　　從府城海岸線的變遷及港口位置的轉移，可以瞭解到臺灣西部地區的經濟貿易發展深受海岸變遷的影響，而隨著海岸地形的改變，不斷變更尋找新港口位置，以繼續維持其對外貿易。如鹿港最初也是港闊水深，但自嘉慶中葉起，港口淤沙日趨嚴重，商船必須改由王功港出入。道光末年，王功港亦淤塞，再改由王功港之南的番仔挖出入。咸豐元年（1851）濁水溪氾濫，鹿港港道阻塞，連小船也無法通行，以致不得不在鹿港西邊另闢沖西港，此後鹿港則失去海運條件。〔註 3〕鹿港的發展與沒落實與臺南五條港有相似之

〔註 3〕黃秀政，〈清代鹿港的移墾與社會發展〉，《臺灣史志論叢》，臺北：五南圖書，1999 年，頁 26～29。

處，皆因位在西海岸的溪流入海之處，沙汕遷移不定，時為良港，時為沙壅，港道深淺變化無常，使得原先可泊商船的天然良港，最後終因泥沙淤淺而沒落。〔註4〕

又如臺北盆地的港口，清康熙、雍正年間以八里坌港為貨物集散地，商船最多。乾隆三十二年（1767）八里坌因海口漲塞，無船隻往來，遂將原已改移至新莊辦公的八里坌巡檢，正式更名為新莊巡檢，新莊並成為盆地內最大的港口市鎮。嘉慶末年新莊亦因河底淤淺，商務漸移艋舺。同治末年，艋舺又淤，船隻往來不便，大稻埕逐漸取代艋舺而興起。由此可見港口的泊船條件的改變，則影響港口市鎮的發展。〔註5〕

所以五條港的地理環境變遷，也可視為臺灣西海岸港口變遷的縮影。在清代二百餘年間，臺江歷經淤積而陸化，使府城城西外逐漸形成五條港區，然此間地理環境變化甚大，可謂是滄海桑田。此一變遷也深深影響了府城的市鎮發展和商業貿易的興衰。

臺南府城自荷據以來，因臺江有其天然港灣及可泊船艦之優勢，故擇此作為在臺灣發展殖民經濟的根據地，經鄭氏至清，隨著人口不斷移入增加，各種生活物資的需求亦相對增加，因而促使貿易更加發達，商業發展迅速，在乾隆年間，五條港區出現專事聚貨分售的貿易集團——「郊」。因為行郊主要是從事兩岸的商貨買賣，故行郊大都集中於在沿海或內河各港口。而府城的行郊大多集中在西門外的五條港區，其在五條港區建立大型行棧，將臺灣的米、糖集中於五條港區，輸出到大陸，再將大陸所採買的民生用品，先行運至五條港區的倉庫存放，再批發販售到府城內各店鋪或配銷至鄰近的鄉鎮與北部各港。當時府城內有各種貨物專賣的街道，提供了府城及外地的貨物需求。

五條港區的街市中到處販售著來自大陸的雜貨、藥材、木材、生活用品等，故其商業活動相當繁忙。從其貨物的運輸及街市商店的分佈，可清楚瞭解港區商業運作的情形。而五條港的街道多沿著五條港的港道而建，故街道的發展多與港道進出口的貨物有密切關係，例如新港墘港與安海港的支流番薯港，是糖的主要輸出港；佛陀港則因水勢較深，故能運輸承載較重的杉木，而杉行街則在其港道之旁。在佛陀港的支流王宮港上游有米街，故王宮港為米的運輸港；而南北雜貨及藥材，多以南勢港與南河港為集散地，故藥王廟

〔註4〕張炳楠，〈鹿港開港史〉，《臺灣文獻》，第 19 卷第 1 期，1968 年，頁 2。
〔註5〕林玉茹，《清代臺灣港口的空間結構》，臺北：知書房出版社，1996，頁 69～70。

街爲中藥店林立之區。

街市的發展與五條港區的經貿發展是息息相關的,因爲行郊的數量多寡反映了集散市場與商業規模的大小。〔註6〕府城的行郊在乾隆、嘉慶年間陸續出現,且數量居全臺之冠,〔註7〕故五條港區的街市亦於乾、嘉年間快速成展,也反映了五條港具有高度的集散批發機能。

在五條港區的行會組織以行郊與碼頭工人所形成的血緣、地緣組織,及具有保甲功能的聯境組織最具特色。由於行郊因港口的貿易而生,故港區的繁榮興盛,以及航道、道路是否順暢,其影響著港區的貿易發展,因此行郊對於港區的公共事務多積極參與態度,以利自身的生理發展。如修橋鋪路、疏濬河道,或投身慈善事業,倡導善良風氣,或於動亂時,爲保全生命財產,組織義民,募集團練,協助城防等,皆有郊商不辭辛勞的付出及慷慨捐資。故港區的各項公共事務與社會事業,郊商的確扮演了重要角色。

寺廟是漢人社會形成的指標之一,也是臺灣移民社會很重要的一大特色。臺南府城由於是臺灣最早開發之地區,所以寺廟數量居全國之冠,而五條港又因海上貿易而繁榮興盛,故此區的居民常年往來臺灣海峽之間,須冒風濤之險,所以宗教信仰在五條港區扮演著重要的角色。隨著港區的發展,寺廟數量愈多,在每條港道兩旁皆有數間寺廟,而信仰對象多以海神與王爺的信仰爲主,也反映了五條港區居民的需求背景。而郊商主要來自泉州三邑,其所信奉的神明,爲地緣色彩較淡薄的神明,如媽祖、水仙尊王、觀音等,多是一般民眾所共同的對象。由於行郊爲經營兩岸的貿易,非常仰賴航海運輸,因而也祀奉與航海有關的神明,如水仙宮與海安宮爲臺南三郊的辦事處,均祀奉海神。

臺灣傳統漢人的民信仰,向來即與民間結社之組織結合在一起,多由同鄉、同族、同業組成,以共同信仰神明爲中心而結合,如神明會、祖公會、共祭會、子弟會、行郊等。而行郊表面上以祀奉某一神明爲目的,實則藉此約束各會員遵守同業規約,互助敦睦,進而增產置業,謀求發展,其辦事處往往設在寺廟,故這些郊商多介入寺廟各種活動與組織的管理,以拓展其財富與勢力,故行郊不論在組織制度、組織名稱,均含有濃厚的神明會形式。

〔註6〕 溫振華,〈淡水開港與大稻埕中心的形成〉,《師大歷史學報》,6 期,1978 年,頁 249。

〔註7〕 林玉茹,〈清代臺灣港口的發展與等級劃分〉,《臺灣文獻》,第 44 卷第 4 期,1993 年,頁 107。

另外，辦理公共事務與社會福利事業，甚或領導團練自衛、助官平亂，亦多是透過寺廟來運作，使商紳成為官方與人民之間的代理人、地方官吏諮詢的對象，負責辦理官民之間的相關義務工作，因此商紳在無形中獲得了官方賦予支配地方的自主權，增強了紳商對地方事務的參與和控制，也提升了紳商的社會、政治地位。其中臺南三郊透過跨地區或跨廟境等範圍廣大的宗教活動，以及諸多地方公共事務、社會事業的參與，將五條港區甚至整個臺南府城整合起來，形成一個關係密切的地域社會。〔註8〕

在先民從大陸移墾臺灣過程中，港口無疑是移民入臺的門戶，而移民或由港口溯溪而上，向內地開發，或以港口為根據地，建立市街，而成為對外輸出農產品和對內輸入日常必需品的集散中心。再者臺灣河川眾多，導致陸路交通的不方便，島內貨物互通有無，皆有賴水運，〔註9〕從事海上貿易的行郊由此而生，而行郊之組成又具有神明會性質，以共同信仰之神明為中心而結合，因之促成寺廟興建與發展。故港區的郊商往往運用寺廟推行地方建設，興辦慈善公益事業，進而教化百姓，平定變亂，維持社會秩序，促進商務繁榮。

從臺南五條港的繁華與式微，可以看出地理環境的變遷與歷史發展有著密不可分的關係，也反映了臺灣西海岸各港口發展的基本面貌。可知一個港口的發展，行郊與寺廟是隨著港區蓬勃商機而興起，故可由行郊與寺廟來了解一個港區的興衰。而五條港因大自然的變遷而日漸淤積，不利貿易，郊商們亦透過後天的人為疏濬，企圖扭轉現狀，力挽頹勢，但終至失敗。

港口、行郊、寺廟可說是三面一體的，透過三者互動模式來了解一港區之變遷與發展，甚可發現港口失其航運、貿易機能後，行郊、寺廟亦隨之衰落，故三者是息息相關，更是共生共榮、共衰共亡的關係。

〔註8〕楊秀蘭，〈清代臺南府城五條港區的經濟與社會〉，臺北：國立臺灣師範大學歷史研究所碩士論文，2004年，頁197。

〔註9〕林玉茹，《清代臺灣港口的空間結構》，臺北：知書房出版社，1996年，頁1。

———

參考書目

一、史　料

（一）地方志書

1. 王必昌，《重修臺灣縣志》，臺灣文獻叢刊第 113 種，臺北：大通書局，1995年。

2. 王瑛曾，《重修鳳山縣志》，臺灣文獻叢刊第 146 種，臺北：大通書局，1995年。

3. 余文儀，《續修臺灣府志》，臺灣文獻叢刊第 121 種，臺北：大通書局，1995年。

4. 周元文，《重修臺灣府志》，臺灣文獻叢刊第 66 種，臺北：大通書局，1995年。

5. 周凱，《廈門志》，臺灣文獻叢刊第 95 種，臺北：大通書局，1995年。

6. 周鍾瑄，《諸羅縣志》，臺灣文獻叢刊第 141 種，臺北：大通書局，1995年。

7. 周璽，《彰化縣志》，臺灣文獻叢刊第第 156 種，臺北：大通書局，1995年。

8. 范咸，《重修臺灣府志》，臺灣文獻叢刊第 105 種，臺北：大通書局，1995年。

9. 高拱乾，《臺灣府志》，臺灣文獻叢刊第 65 種，臺北：大通書局，1995年。

10. 陳文達，《臺灣縣志》，臺灣文獻叢刊第 103 種，臺北：大通書局，1995年。

11. 陳國瑛，《臺灣采訪冊》，臺灣文獻叢刊第 55 種，臺北：大通書局，1995年。

12. 葉宗元，《臺灣府輿圖纂要》，臺灣文獻叢刊第 181 種，臺北：大通書局，1995 年。

13. 臺灣省文獻委員會，《臺灣省通志》卷 4〈經濟志商業篇〉，臺北：臺灣省文獻委員會，1970 年。

14. 劉良璧，《重修福建臺灣府志》，臺灣文獻叢刊第 74 種，臺北：大通書局，1995 年。

15. 蔣毓英，《臺灣府志》，北京：中華書局，1985 年。

16. 謝金鑾，《續修臺灣縣志》，臺灣文獻叢刊第 140 種，臺北：大通書局，1995 年。

（二）文集雜著

1. 丁紹儀，《東瀛識略》，臺灣文獻叢刊第 2 種，臺北：大通書局，1995 年。

2. 不著撰人，《臺灣私法商事篇》，臺灣文獻叢刊第 91 種，臺北：大通書局，1995 年。

3. 不著撰人，《安平縣雜紀》，臺灣文獻叢刊第 52 種，臺北：大通書局，1995 年。

4. 不著撰人，《臺案彙錄丙集》，臺灣文獻叢刊第 176 種，臺北：大通書局，1995 年。

5. 不著撰人，《臺案彙錄甲集》，臺灣文獻叢刊第 31 種，臺北：大通書局，1995 年。

6. 不著撰人，《臺灣私法物權篇》，臺灣文獻叢刊第 150 種，臺北：大通書局，1995 年。

7. 何培夫，《臺灣地區現存碑碣圖誌——臺南市篇》，臺北：中央圖書館臺灣分館，1994 年。

8. 姚瑩，《中復堂選集》，臺灣文獻叢刊第 83 種，臺北：大通書局，1995 年。

9. 姚瑩，《東槎紀略》，臺灣文獻叢刊第 7 種，臺北：大通書局，1995 年。

10. 郁永河，《裨海紀遊》，臺灣文獻叢刊第 44 種，臺北：大通書局，1995 年。

11. 唐贊袞，《臺陽見聞錄》，臺灣文獻叢刊第 30 種，臺北：大通書局，1995 年。

12. 夏獻綸，《臺灣輿圖》，臺灣文獻叢刊第 45 種，臺北：大通書局，1995 年。

13. 徐宗幹，《斯未信齋文編》，臺灣文獻叢刊第 87 種，臺北：大通書局，1995 年。

14. 馬子翊，《臺灣雜興》，收錄於《臺灣雜詠合刻》，臺灣文獻叢刊 28 種，臺北：大通書局，1995 年。

15. 連橫，《臺灣通史》，臺灣文獻叢刊第 128 種，臺北：大通書局，1995 年。

16. 陳第，〈東番記〉，收錄於《閩海贈言》，臺灣文獻叢刊第 56 種，臺北：大通書局，1995 年。

17. 陳肇興，《陶村詩稿》，臺灣文獻叢刊第 144 種，臺北：大通書局，1995 年。

18. 黃典權，《臺南市南門碑林圖志》，臺南：臺南市政府，1979 年。

19. 黃典權，《臺灣南部碑文集成》，臺灣文獻叢刊第 218 種，臺北：大通書局，1995 年。

20. 黃叔敬，《臺海使槎錄》，臺灣文獻叢刊第 4 種，臺北：大通書局，1995 年。

21. 楊英，《從征實錄》，臺灣文獻叢刊第 32 種，臺北：大通書局，1995 年。

22. 劉家謀，《海音詩》，收錄於《臺灣雜詠合刻》，臺灣文獻叢刊第 28 種，臺北：大通書局，1995 年。

23. 劉璈，《巡臺退思錄》，臺灣文獻叢刊第 21 種，臺北：大通書局，1995 年。

24. 藍鼎元，《平臺紀略》，臺灣文獻叢刊第 14 種，臺北：大通書局，1995 年。

25. 藍鼎元，《東征集》，臺灣文獻叢刊第 12 種，臺北：大通書局，1995 年。

二、專　書

1. 仇德哉，《臺灣之寺廟與神明》，臺中：臺灣省文獻委員會，1983 年。

2. 方豪，《方豪六十至六十四自選待定稿》，臺北：臺灣學生書局，1974 年。

3. 呂順安，《臺南市鄉土史料》，南投：臺灣文獻委員會，1994 年。

4. 李亦園，《宇宙觀、信仰與民間文化》，臺北：稻鄉出版社，1999 年。

5. 卓克華，《清代臺灣的商戰集團》，臺北：臺原出版社，1990 年。

6. 卓克華，《從寺廟發現歷史》，臺北：揚智文化事業，2003 年。

7. 卓克華，《寺廟與臺灣開發史》，臺北：揚智文化事業，2006 年。

8. 卓克華，《竹塹媽祖與寺廟》，臺北：揚智文化事業，2010 年。

9. 卓克華，《民間文書與媽祖廟之研究》，臺北：揚智文化事業，2012 年。

10. 周菊香，《府城今昔》，臺南：臺南市政府，1993 年。

11. 林玉茹，《清代臺灣港口的空間結構》，臺北：知書房出版社，1996 年。

12. 林美容，《鄉土史與村庄史——人類學者看地方》，臺北：臺原出版社，2000 年。

13. 林美容，《臺灣人的社會與信仰》，臺北：自立晚報，1993 年。

14. 林會承，《清末鹿港街鎮結構》，臺北：明文出版社，1991 年。

15. 林滿紅，《茶、糖、樟腦業與晚清臺灣》，臺灣研究叢刊第 115 種，臺北：臺灣銀行經濟研究室，1978 年。

16. 林滿紅,《茶、糖、樟腦業與臺灣之社會經濟變遷（1860～1895）》,臺北：聯經出版社,1997 年。

17. 施添福,《清代在臺漢人的祖籍分佈和原鄉生活方式》,臺北：國立臺灣師範大學地理系,1987 年。

18. 洪敏麟,《臺南市市區史蹟調查報告書》,臺中：臺灣省文獻委員會,1977 年。

19. 范勝雄,《府城的寺廟信仰》,臺南：臺南市政府,1995 年。

20. 范勝雄,《府城的節令民俗》,臺南：臺南市政府,1991 年。

21. 范勝雄,《府城叢談 1》,臺南：日月出版,1997 年。

22. 范勝雄,《府城叢談 2》,臺南：日月出版,1998 年。

23. 范勝雄,《府城叢談 3》,臺南：日月出版,1998 年。

24. 張炎憲、李筱峯、戴寶村,《臺灣史論文精選》,臺北：玉山社出版,1999 年。

25. 曹永和,《臺灣早期歷史研究》,臺北：聯經出版,1995 年。

26. 許淑娟,《臺灣地名辭書——臺南市》,南投：臺灣省文獻委員會,1999 年。

27. 陳其南,《臺灣的傳統中國社會》,臺北：允晨文化,1987 年。

28. 黃典權,《臺南市南門碑林圖志》,臺南：臺南市政府,1979 年。

29. 董芳苑,《臺灣民間宗教信仰》,臺北：長青文化事業,1984 年。

30. 蔡相煇,《臺灣的王爺與媽祖》,臺北：臺原出版,1994 年。

31. 蔡相煇,《臺灣的祠祀與宗教》,臺北：臺原出版,1989 年。

32. 盧嘉興,《鹿耳門地理演變考》,臺北：中國學術著作獎助委員會,1965 年。

33. 戴文峰,《府城媽祖行腳》,臺南：臺南市文化資產保護協會,2001 年。

34. 戴寶村,《清季淡水開港之研究（1860～1844）》,臺北：國立臺灣師範大學歷史研究所專刊第 11 號,1984 年。

三、期刊論文與論文集

1. 方豪,〈臺南之「郊」〉,《大陸雜誌》,第 44 卷第 4 期,1972 年 4 月,頁 1～23。

2. 方豪,〈臺灣行郊研究導言與臺北之「郊」〉,《東方雜誌》,復刊第 5 卷第 12 期,頁 32～53。

3. 石陽睢,〈西區拾遺〉,《臺南文化》,第 3 卷第 4 期,1954 年,頁 33～37。

4. 石陽睢,〈臺南市街小志〉,《臺南文化》,創刊號第 1 卷第 1 期,1951 年,

頁 53～55。

5. 石萬壽，〈臺南市古蹟志〉，《臺灣文獻》，第 28 卷第 1 期，1977 年 3 月，頁 90～106。

6. 石萬壽，〈臺南府城的城防〉，《臺灣文獻》，第 30 卷第 4 期，1979 年，頁 140～166。

7. 石萬壽，〈臺南府城的行郊特產點心〉，《臺灣文獻》，第 31 卷第 4 期，1980 年，頁 70～98。

8. 石萬壽，〈臺南市寺廟的建誌——臺南市寺廟研究之一〉，《臺南文化》，新 11 期，1981 年，頁 39～74。

9. 石萬壽，〈臺南市宗教誌〉，《臺灣文獻》，第 32 卷第 4 期，1981 年，頁 3 ～43。

10. 石萬壽，〈府城的行郊〉，《歷史月刊》，第 137 期，1999 年 6 月，頁 68～ 75。

11. 卓克華，〈臺灣寺廟對地方的貢獻〉，《臺北文獻》，第 38 期，1976 年，頁 187～198。

12. 卓克華，〈行、郊、考〉，《臺北文獻》，45、46 期合刊，1978 年，頁 427 ～444。

13. 卓克華，〈艋舺行郊初探〉，《臺灣文獻》，第 29 卷第 1 期，1978 年，頁 188 ～192。

14. 卓克華，〈新竹行郊初探〉，《臺北文獻》，第 63 期，1983 年，頁 213～242。

15. 卓克華，〈臺灣行郊之組織功能及貢獻〉，《臺北文獻》，第 71 期，1985 年，頁 55～112。

16. 卓克華，〈試釋全臺首次發現艋舺「北郊新訂抽分條約」〉，《臺北文獻》，第 73 期，1985 年，頁 151～166。

17. 卓克華，〈新竹塹郊金長和箚記三則〉，《臺北文獻》，第 74 期，1985 年，頁 29～40。

18. 卓克華，〈清代澎湖臺廈郊考〉，《臺灣文獻》，第 37 卷第 2 期，1986 年，頁 1～33。

19. 林玉茹，〈清代臺灣港口的發展與等級劃分〉，《臺灣文獻》，第 44 卷第 4 期，1993 年，頁 97～137。

20. 林玉茹，〈清代臺灣港口的數量與分佈〉，《史原》，第 19 期，1993 年，頁 213～261。

21. 林玉茹，〈清代臺灣港口的互動與系統之形成〉，《臺灣風物》，第 44 卷第 1 期，1994 年，頁 81～125。

22. 林玉茹，〈清初與中葉臺灣港口系統的演變：擴張期與穩定期（1683～

1860）〉，《臺灣文獻》，第 45 卷第 3 期，1994 年，頁 31～79。

23. 林玉茹，〈清末臺灣港口系統的演變：顛峰期的轉型（1861～1895）〉，《臺灣文獻》，第 46 卷第 1 期，1995 年，頁 97～137。

24. 林美容，〈由祭祀圈到信仰圈〉，《臺灣史論文精選》，臺北：玉山社出版，1999 年，頁 289～319。

25. 林會承，〈清末鹿港街鎮研究〉，《臺灣文獻》，第 31 卷第 3 期，1980 年，144～164。

26. 林滿紅，〈清末大陸來臺郊商的興衰——臺灣史、中國史、世界史之一結合思考〉，《國科會研究彙刊：人文及社會科學》，第 4 卷第 2 期，1994 年，頁 173～193。

27. 林滿紅，〈清末臺灣與我國大陸之貿易型態比較 1860～1895〉，《臺灣師大歷史學報》，第 6 期，1978 年，頁 209～243。

28. 林滿紅，〈貿易與清末臺灣的經濟社會變遷，1860～1895〉，《食貨月刊》，復刊號 9 卷第 4 期，1979 年，頁 18～32。

29. 洪敏麟，〈清代關聖帝廟對臺灣政治社會之影響〉，《臺灣文獻》，第 16 卷第 2 期，1965 年，頁 53～59。

30. 范勝雄，〈臺灣府城海岸線勘記〉，《臺灣文獻》，第 28 卷第 3 期，1977 年，頁 135～152。

31. 范勝雄，〈三百年來臺南港口之變遷〉，《臺灣文獻》，第 29 卷第 1 期，1978 年，頁 43～49。

32. 范勝雄，〈臺南市區里變革初探〉，《臺灣文獻》，第 34 卷第 3 期，1983 年，頁 21～60。

33. 范勝雄，〈府城「西城」故事〉，《臺灣文獻》，第 43 卷第 4 期，1992 年，頁 145～187。

34. 徐方幹，〈清代臺灣商業貿易團體——郊〉，《大陸雜誌》，第 7 卷第 11 期，1954 年，頁 11～19。

35. 張炳楠，〈鹿港開港史〉，《臺灣文獻》，第 19 卷第 1 期，1968 年，頁 1～25。

36. 莊吉發，〈歷史與地理：從故宮檔案看清代臺灣港口的滄桑〉，《臺灣文獻》，第 52 卷第 1 期，2001 年，頁 181～198。

37. 許丙丁，〈臺南救濟院發展史〉，《臺南文化》，第 7 卷第 1 期，1960 年，頁 77～78。

38. 陳宏田，〈王船信仰的城鄉差異——以臺南地區爲例〉，《臺南文化》，新 52 期，2000 年，頁 89～122。

39. 陳其南，〈清代臺灣社會的結構變遷〉，《中央研究院民族所研究集刊》，第 49 期，1980 年，頁 115～147。

40. 曾玖成,〈臺灣行郊史〉,《臺北文獻》,第 38 期,1976 年,頁 307～324。

41. 游醒民,〈臺南市古蹟調查與簡介〉,《臺南文化》,新 7 期,1979 年,頁 106～116。

42. 黃天橫,〈清末、日據、光復當初之臺南市街圖〉,《臺南文化》,新 29 期, 1990 年,頁 61～92。

43. 溫振華,〈北港媽祖信仰大中心形成試探〉,《史聯雜誌》,第 4 期,1984 年,頁 10～20。

44. 溫振華,〈清代臺灣的建城與防衛體系的演變〉,《國立臺灣師範大學歷史學報》,第 13 期,1985 年,頁 253～274。

45. 溫振華,〈清代臺灣漢人的企業精神〉,《臺灣史論文精選》,臺北:玉山社出版,1999 年,頁 321～355。

46. 臺南市文獻會,〈西區採訪初錄〉,《臺南文化》,第 3 卷第 4 期,1954 年,頁 62～75。

47. 臺南市文獻會,〈臺南市西區碑錄〉,《臺南文化》,第 3 卷第 4 期,1954 年,91～114。

48. 蔡相煇,〈北港朝天宮與臺南大天后宮的分合〉,《臺灣文獻》,第 51 卷第 4 期,2000 年,頁 143～156。

49. 蔡淵洯,〈清代臺灣行郊的發展與地方權力結構之變遷〉,《國立臺灣師範大學歷史學報》,第 14 期,1986 年,頁 141～160。

50. 盧嘉興,〈二層行溪與蟯港〉,《臺灣研究彙集》,第 23 期,1983 年,頁 133～181。

51. 盧嘉興,〈蚊港與青峰闕考〉,《臺灣研究彙集》,第 22 期,1982 年,頁 72～86。

52. 盧嘉興,〈曾文溪與國賽港〉,《臺灣研究彙集》,第 22 期,1982 年,頁 127～154。

53. 盧嘉興,〈嘉義縣屬海岸線考〉,《臺灣文獻》,第 10 卷第 3 期,1959 年,頁 75～81。

54. 賴建銘,〈水仙宮今昔〉,《臺南文化》,第 3 卷第 1 期,1953 年,頁 34～35。

55. 顏興,〈大井頭考索〉,《臺南文化》,第 3 卷第 1 期,1953 年,頁 41～45。

56. 顏興,〈臺灣商業的由來與三郊〉,《臺南文化》,第 3 卷第 4 期,1954 年,頁 9～15。

四、學位論文

1. 毛麗華,〈臺南古城空間發展的詮釋〉,高雄:國立高雄師範大學地理系碩士論文,2001 年。

2. 石志偉，〈傳統街屋空間使用特性之研究——以臺南市神農街爲例〉，臺南：國立成功大學建築研究所碩士論文，2002 年。

3. 吳秉聲，〈一個港道變遷下的空間研究——以臺灣（臺南）府城五條港區爲例〉，臺南：國立成功大學建築研究所碩士論文，1997 年。

4. 吳金翰，〈傳統都市空間中領域現象之研究——以臺南市爲例〉，臺南：國立成功大學建築研究所碩士論文，1998 年。

5. 吳鴻森，〈清末臺南府城城市空間結構之研究——以聯境守城時期城市空間爲例〉，臺南：國立成功大學建築研究所碩士論文，1996 年。

6. 汪明怡，〈臺南寺廟聯境組織變遷之研究〉，臺南：國立臺南大學臺灣文化研究所碩士論文，2004 年。

7. 卓克華，〈清代臺灣行郊之研究〉，臺北：文化大學歷史研究所碩士論文，1983 年。

8. 林素梅，〈臺南市媽祖信仰之研究〉，臺南：國立臺南大學臺灣文化研究所碩士論文，2004 年。

9. 施懿芳，〈從郊行的興衰看鹿港的社經興衰〉，高雄：國立中山大學中山學術研究所碩士論文，1991 年。

10. 柯俊成，〈臺南府城大街空間變遷之研究〉，臺南：國立成功大學建築研究所碩士論文，1998 年。

11. 徐麗琪，〈府城（臺南）五條港聚落空間的歷史變遷〉，臺南：國立臺南大學臺灣文化研究所碩士論文，2006 年。

12. 梁佳美，〈從社會結構變遷與文化形式涵構探討臺南府城的都市空間特色〉，臺南：國立成功大學建築研究所碩士論文，1998 年。

13. 梁俊仁，〈日據前後臺南市街廓型態之構成與變遷〉，臺南：國立成功大學建築研究所碩士論文，1991 年。

14. 梅宗毓，〈府城（臺南）西門城外的歷史變遷〉，臺南：國立臺南大學臺灣文化研究所碩士論文，2011 年。

15. 許意苹，〈臺南市中西區空間演變與都市空間特色之研究〉，高雄：國立高雄師範大學地理系碩士論文，2005 年。

16. 陳宏田，〈王爺信仰的城鄉差異分析——以臺南地區爲例〉，臺南：國立臺南大學臺灣文化研究所碩士論文，2002 年。

17. 陳東海，〈清代臺南府城之商業〉，臺南：國立臺南大學臺灣文化研究所碩士論文，2001 年。

18. 陳素雯，〈臺江內海浮覆地社會經濟變遷之研究——以臺南市安南區爲例〉，臺南：國立臺南大學臺灣文化研究所碩士論文，2005 年。

19. 陳翰霖，〈十七世紀以來臺灣西南海岸平原地形變遷之研究〉，臺北：中國文化大學地理學系博士論文，1999 年。

20. 黃懷賢,〈臺灣傳統商業團體臺南三郊的轉變(1760～1940)〉,國立政治大學臺灣史研究所碩士論文,2011年。

21. 楊秀蘭,〈清代臺南府城五條港區的經濟與社會〉,臺北:國立臺灣師範大學歷史研究所碩士論文,2004年。

22. 趙文榮,〈清代臺南地區的開發與社會變遷(1623──1895)〉,臺南:國立臺南大學臺灣文化研究所碩士論文,1998年。

23. 蔡松勳,〈五條港區居民生活方式與社區空間關聯之研究〉,臺南:國立臺南大學臺灣文化研究所碩士論文,2001年。

24. 蔡婉婷,〈臺南市寺廟建廟傳說之研究〉,臺南:國立臺南大學臺灣文化研究所碩士論文,2006年。

25. 蔡淵絜,〈清代臺灣的社會領導階層〉,臺北:國立臺灣師範大學歷史研究所碩士論文,1980年。

26. 蔡瓊娥,〈府城小北門外浮陸地之探討〉,臺南:國立臺南大學臺灣文化研究所碩士論文,2011年。

27. 蕭百興,〈清代臺灣(南)府城空間變遷的論述〉,臺北:國立臺灣大學城鄉所碩士論文,1990年。

28. 戴文鋒,〈清代臺灣的社會救濟事業〉,臺南:國立成功大學歷史研究所碩士論文,1991年。

29. 戴寶村,〈近代臺灣港口市鎮之發展──清末至日據時期〉,臺北:國立臺灣師範大學歷史研究所博士論文,1987年。

五、外文及譯著

1. 江樹生譯,《熱蘭遮城日記》,臺南:臺南市政府,2002年。

2. 郭輝譯,《巴達維亞城日記》,臺北:臺灣省文獻委員會,1970年。

3. 臨時臺灣舊慣調查會,《臺灣私法》,第三卷(上)、(下),臺北:臨時臺灣舊慣調查會,1910年。

4. 臨時臺灣舊慣調查會,《臺灣私法附錄參考書》,第一至三卷,臺北:臨時臺灣舊慣調查會,1910年。

六、網路資料

1. 漢文臺灣日日新報資料庫(漢珍數位圖書公司)
http://p8099-192.168.160.150.libautorpa.fgu.edu.tw:81/twhannews/user/index.php

2. 臺灣文獻叢刊資料庫(聯合百科電子出版事業有限公司)
http://192.168.160.158.libautorpa.fgu.edu.tw:81/taiwan/home/index.asp

附　錄

一：清代所見臺南府城行郊相關碑文

時　間	碑　文	出現之郊商行號	捐　款　金　額
乾隆三十年（1755）	〈水仙宮清界勒石記〉	北郊蘇萬利、徐寧盛、新泉源、黃駿發、泉裕、德盛、徐德順、泉德、黃六吉	北郊列號捐金六百大員。
乾隆三十年（1765）	〈大老爺蔣重修德安橋記〉	北郊蘇萬利	
乾隆三十七年（1772）	〈修建臺灣縣捕廳衙署記〉	北郊蘇萬利、南郊金永順	
乾隆三十七年（1772）	〈重修柴頭港福德祠碑〉	南、北郊	南、北郊紳士、鋪民人等共捐白金番銀七十四兩六分三釐。
乾隆三十九年（1774）	〈重建安瀾橋碑記〉	北郊蘇萬利	
乾隆四十三年（1778）	〈臺郡城各項建設捐提碑記〉	北郊蘇萬利等、泉北郊王順興等、泉絲線郊泉盈等、陳林郊杜鑾錦等、漳絲郊建安等、廈油郊鄭源盛、布郊謝升隆等、杉郊宋瑞興等、剌籽郊□□□等、南郊金永順等、糖郊李勝興等、安海郊龔茂盛等、有郊高燧興、謝聯興等、綢緞郊黃振源、李正茂等、鹿仔郊振合、勝陶等。	
乾隆四十五年（1780年）	〈重修臺灣府學明倫堂碑記〉	北郊蘇萬利、南郊金永順、糖郊李勝興	北郊蘇萬利捐銀二百元、南郊金永順捐銀二百元、糖郊李勝興捐銀二百元。
乾隆五十五年（1790）	〈重建太平橋碑記〉	北郊蘇萬利、南郊金永順、糖郊李勝興	北郊蘇萬利號捐銀貳拾貳元捌分參厘、南郊金永順號捐銀貳拾貳元捌分參厘、糖郊李勝興號捐銀貳拾貳元捌分參厘。

乾隆五十七年（1792）	〈重興大觀音亭碑記〉	北郊蘇萬利、南郊金永順、糖郊李勝興、臺郡生藥郊、煙詗郊金和順	北郊蘇萬利、南郊金永順、糖郊李勝興各捐銀一百大元。臺郡生藥郊捐銀十二大員。煙詗郊金和順捐銀十大元。
嘉慶元年（1796）	〈新修海靖寺捐題碑記〉	三郊蘇萬利、金永順、李勝興	三郊蘇萬利、金永順、李勝興捐六百元。
嘉慶二年（1797）	〈重修興濟宮碑記〉	北郊蘇萬利、南郊金永順、糖郊李勝興	北郊蘇萬利、南郊金永順、糖郊李勝興合捐三百元。
嘉慶九年（1804）	〈重建安瀾橋碑記〉	三郊郊商郭子璋及各行號	漳茂號、益成號、益源號、隆記號、長發號、鼎昌號、源盈號、振春號、振泰號、源利號、益茂號、興茂號、各捐銀二十元。復源號、恆昌號、益昌號、四美號、藏興號，各捐銀十六元。芳元號、長益號、德盛號，各捐銀十二元。錦順號、振成號、振源號、瑞盛號、信豐號、德茂號、和記號、比陶號、盛發號、振昇號、寶成號、源春號、文成號，各捐銀十元。致祥號、捷發號、和興號、源成號、長和號，各捐銀八元。順吉號、振岱號、錦榮號、德興號、長興號、慶陶號振益號、振發號，各捐銀六元。崑圃號、新源興、新振德、石源號、振隆號、德誠號、峰源號、長振號、錦興號、成興號、泉德號、豐錦號、泰源號，各捐銀四大元。
嘉慶十年（1806）	〈重建彌陀寺碑記〉	三郊蘇萬利、金永順、李勝興	三郊蘇萬利、金永順、李勝興共捐銀三百大元。
嘉慶十一年（1807）	〈重建旌義祠捐題碑記〉	三郊蘇萬利、金永順、李勝興	三郊蘇萬利、金永順、李勝興，共捐佛銀六百大員，三郊職員林廷邦捐銀一百六十員，三郊職員陳啓良捐銀一百二十員，三郊職員郭拔萃

			捐銀一百員，三郊職員陳本全捐銀一百員，三郊職員郭邦傑捐銀一百員，三郊職員石時榮捐銀六十員，三郊職員郭子璋捐銀六十員，三郊職員蔡源順捐銀六十員，三郊職員洪秀文捐銀六十員，三郊王宗本觀、順源、順記、順和號共捐銀八十員。
嘉慶十九年（1814）	〈重修樂安橋碑記〉	瑞源號、永和號、和順號、玉成號、益順和、福記號、瑞興號、通合號、綿興號、源順號	瑞源號捐銀四大元、永和號捐銀四大元、和順號捐銀四大元、玉成號捐銀四大元、益順和捐銀四大元、福記號捐銀四大元、瑞興號捐銀四大元、通合號捐銀四大元、綿興號捐銀四大元、源順號捐銀四大元。
嘉慶二十年（1815）	〈嘉慶二十年重修大觀音亭廟橋碑記〉（此碑為道光五年所立）	北郊蘇萬利、南郊金永順、糖郊李勝興。絲線郊、花草郊、杉郊舖、藥材郊	北郊蘇萬利、南郊金永順、糖郊李勝興，各捐銀八十元。絲線郊捐銀四十元。花草郊捐銀二十大元。杉郊舖等、藥材郊等各捐銀十二大元。
嘉慶二十三年（1819）	〈重興開基武廟碑記（甲）〉（〈重興開基武廟臺郡郊、舖、紳士捐金碑記〉）	三郊蘇萬利、金永順、李勝興。煙詡郊金合順、藥材郊、絲線郊、茶郊	三郊蘇萬利、金永順、李勝興各捐銀一百元、煙詡郊金合順捐銀十六元、藥材郊、絲線郊聖母各捐銀十二元、茶郊聖母捐銀三元半。
嘉慶二十四年（1820年）	〈普濟殿重興碑記〉	北郊蘇萬利、南郊金永順、糖郊李勝興	北郊蘇萬利、南郊金永順、糖郊李勝興共捐銀三百三十元。
道光二年（1822）	〈修造老古街路頭碑記〉	三郊蘇萬利、金永順、李勝興等	三郊蘇萬利、金永順、李勝興同捐番銀四百大員。
道光五年（1825）	〈重修安瀾橋碑記〉	三郊郊商郭子璋	郭子璋捐銀一百元。
道光十年（1830）	〈重興大天后宮碑記〉	三郊蘇萬利、金永順、李勝興。布郊、煙詡郊、杉行郊、泉布郊、綢緞郊、絲線郊、綢緞布郊、花草郊、有郊、鹿	總事三郊蘇萬利、金永順、李勝興計捐銀一萬五千餘員。鹿港頂郊捐佛銀三百大元。布郊瑞興捐銀二百三十八員。糖郊雙記、復興、臺

		港頂郊、廈鹿郊、嘉笨 訕郊	郡煙訕郊、杉行郊各捐銀二 百員。泉布郊捐佛銀一百八 十員。綢緞郊計捐銀三百二 十員。絲線郊捐銀一百二十 員。綢緞布郊、廈鹿郊各捐 銀一百員。臺郡有郊、嘉笨 訕郊各捐銀八十員。花草郊 捐銀四十員。正義號、乾美 號、石鼎美、張長慶，合捐 銀二百四十員。
道光十七年 （1837）	〈興濟宮辛卯年 重修碑記〉	三郊、杉郊	三郊合捐銀一百二十元、杉 郊鋪捐銀四十元。
道光十八年 （1838）	〈重修藥王廟碑 記〉	三郊金永順、蘇萬利、 李勝興。藥材郊	三郊金永順、蘇萬利、李勝 興喜助銀二百四十大元。藥 材郊喜助銀六十大元。
道光年間	〈重興溫陵聖母 碑記〉	臺郡藥材郊	臺郡藥材郊捐銀十二元。
道光二十一 年（1841）	〈重興天后宮碑 記〉	三郊蘇萬利、金永順、 李勝興。煙訕郊金和順	三郊蘇萬利、金永順、李勝 興，合捐銀一百八十元。煙 訕郊金合順合捐銀二十元。
道光二十五 年（1845）	〈臺郡銀同祖廟 捐題碑記〉	臺郡郊	臺郡郊石鼎美捐銀五十大 員、陳正義捐銀四十大員、 蔡長勝捐銀二十大員、東源 號捐銀二十大員、張長豐捐 銀二十大員、源成號捐銀二 十大員、黃錦安捐銀十六大 員。
道光二十六 年（1846）	〈重修廣慈院碑 記〉	三郊蘇萬利、金永順、 李勝興	三郊蘇萬利、金永順、李勝 興共捐銀六十元
道光三十年 （1850）	〈重修旌義祠碑 記〉	臺郡三郊蘇萬利、金永 順、李勝興（董事三郊 益謙號、長勝號、邱謙 光、蔡芳泰）	臺郡三郊蘇萬利、金永順、 李勝興共捐佛銀一千大員。
道光三十年 （1850）	〈重修元和宮碑 記〉	綢緞郊金義成、臺郡藥 材郊、紙郊鍾金玉、訕 郊金義利、臺郡藥材 郊、臺郡杉郊鋪	綢緞郊金義成捐銀三十大 員、臺郡藥材郊公捐銀二十 四員、訕郊金義利公捐銀二 十四員、紙郊鍾金玉、煙訕 郊各捐銀十六大員、臺郡杉 郊鋪捐銀十二大員。

咸豐四年 （1854）	〈重修北極殿官紳舖戶各姓名碑記〉	臺郡茶郊	臺郡茶郊捐銀六元。
咸豐五年 （1855）	〈臺郡天公壇捐題碑記〉	綢緞郊金義成、誧郊金義利、紙郊鍾金玉	綢緞郊金義成捐銀十六元、誧郊金義利捐銀十二元、紙郊鍾金玉捐銀八元。
咸豐五年 （1855）	〈普濟殿重興碑記〉	三郊、杉郊、綢緞郊	三郊石鼎美、林晉康、陳正義、黃謙記、蔡長勝、吳興裕、蔡振益、蔡益、東源號捐銀二十大元。杉郊許協記、蔡長興、陳合成捐銀二十大元。三郊陳興泰、益瑞號、新豐泰、通順號、杜萬德、洪鼎發、施寶誠、蔡益茂、四美號、莊裕安、邱雙記、蘇東發、義順號、童茱卿、陳送來捐銀十二大元。三郊林新億興、新合瑞、大順號、順德號、張復隆、施振美、黃邦記、陳源益、陳拔記、郭協源、郭振成、石益盛、莊恆記、周至仁、黃得喜、吳黿光、吳仲榜、吳昌記、張立興、顏聚然、捐銀十大元。三郊蔡金龍、陳穎記捐銀八大元。綢緞郊金義成捐銀八大元（修理廟邊溝路）。
咸豐六年 （1856）	〈重建馬公廟捐緣啓〉	綢郊金義成	綢郊金義成捐銀二十四員。
咸豐八年 （11858）	〈天后宮鑄鐘緣起碑記〉	三郊蘇萬利、金永順、李勝興。綢郊金義成、誧郊金義利、紙郊鍾金玉、布郊金線發、金慶順、杉郊各舖、藥材郊各舖、茶郊各舖、北笨港廈郊金正順、泉郊金合順、糖郊金興順。鹽水港糖郊李勝興、水郊金寶順	北笨港廈郊金正順、泉郊金合順、糖郊金興順共捐銀一百二十大員。綢郊金義成捐銀四十二大員。鹽水港糖郊李勝興、水郊金寶順共捐銀三十大員。紙郊鍾金玉捐銀十六大員。誧郊長慶春、首王陞、信隆號、李志舖，各捐銀十二大員。布郊金線發、金慶順，各捐銀十大員。杉郊各舖、藥材郊各舖、茶郊各舖各捐銀五大員。前董

			事曾協盛、曾新協盛、曾廣協、曾得利、曾源美、李潘成、總董事三郊蘇萬利、金永順、李勝興合捐銀六百大員。
咸豐、同治之交	〈重興天后宮碑記〉	三郊公局、綢緞郊金義利、藥郊金慶星、訓郊金義成、紙郊鐘金玉、茶郊、澎湖郊、盤郊勝金玉	三郊公局捐佛銀五百大元、綢緞郊金義利捐銀一百大元、藥郊金慶星捐銀八十元、訓郊金義成捐銀四十大元、澎湖郊聖母捐銀三十七大元、紙郊鍾金玉捐銀二十四大元、茶郊金長號捐銀十二大元、盤郊勝金玉捐銀十二大元。
同治二年（1863）	〈重修崇福宮樂安橋碑記〉	杉行合成號、源泰號、協盛號、德茂等諸行號	杉行合成號、源泰號、協盛號、德茂號，各捐大杉一支。和安號捐銀六大元。和勝號、吉勝號各捐銀四元。順美號捐銀三元。泰安號、金協發、金協興、金進益各捐銀二元。
同治四年（1865）	〈重修安瀾橋石碑記〉	禎記號、大順號、德記號、安瀾號、合興號、金源號、寶順號、振益號、鼎美號、義記號、永成號、合盛號、錦順號、天利號、益記號、協震號、興泰號、聯成號、益瑞號、謙記號、聚成號、長勝號、穎興號	禎記號、大順號、德記號、安瀾號、合興號、金源號、寶順號、振益號、鼎美號、義記號、永成號、合盛號、錦順號、天利號、益記號、協震號、興泰號、聯成號、益瑞號、謙記號，捐銀五元。聚成號、長勝號、穎興號，捐銀二元。
同治八年（1869）	〈臺郡清溝碑記〉	三郊	三郊蘇萬利等捐銀八百元。
同治十二年（1873）	〈重修望海橋碑記〉	臺郡三郊蘇萬利、金永順、李勝興。月港布郊金錦發	臺郡三郊蘇萬利、金永順、李勝興合捐銀五百元。糖郊李勝興捐銀一百元。月港布郊金錦發捐銀二十元。
光緒二年（1876）	〈重興開基武廟碑記(甲)〉〈〈重興開基武廟臺郡郊、鋪、紳士捐金碑記〉〉	三郊蘇萬利、金永順、李勝興。芙蓉郊金協順	三郊蘇萬利、金永順、李勝興，各捐銀五十元。芙蓉郊金協順聖母捐銀四十大元。

光緒九年 （1883）	〈普濟殿重修碑記〉	三郊蘇萬利、金永順、李勝興。藥郊金慶星、絪郊金義利	三郊未列捐款金額。藥郊金慶星捐銀三十員、絪郊金義利捐銀十六元。
光緒十一年 （1885）	〈天后宮廟庭禁築草寮碑記〉	三郊蘇萬利、金永順、李勝興	
光緒十五年 （1889）	〈嚴禁錮婢不嫁碑記〉	芙蓉郊	
光緒十七年 （1891）	〈臺南安平間河溝挑濬碑記〉（〈西門城邊半路店間河溝挑浚碑記〉）	三郊、郡藥郊	郊董莊珍潤、陳傑修、蔡長卿、蔡超英、怡記、邦記、利源、美打、瑞記、唻記、慶記、晉豐、泉益、承裕、東昌、興泰、東升、順美、行董利源、晉豐。郡藥郊捐銀三十元。

資料來源：1、黃典權，《臺灣南部碑文集成》，1995。
　　　　　2、黃典權，《臺南市南門碑林圖志》，1979。
　　　　　3、何培夫，《臺灣地區現存碑碣圖誌──臺南市篇》，1994。
　　　　　4、楊秀蘭，〈清代臺南府城五條港區的經濟與社會〉，2004。
　　　　　5、黃懷賢，〈臺灣傳統商業團體臺南三郊的轉變（1760～1940）〉，2011。

二：水仙宮原有匾額一覽表

匾額內容	捐贈者	捐贈年代	備　註
川靈配嶽	廣凌卓爾玹敬獻	康熙癸巳年仲春之月吉旦（五十二年・1713）	水仙宮
著靈鰲柱	護理臺廈道事中憲大夫臺灣府知府加一級王珍敬書	康熙五十七年歲戊戌孟秋穀旦（1718）	水仙宮
萬里波澄	臺澎鎮帥藍廷珍題	康熙壬寅仲秋之吉（六十一年・1722）	水仙宮
會照東瀛	知臺灣府事楊少裘敬書	嘉慶二年季秋穀旦（1797）	佛祖廳
三益堂	知臺灣府事楊少裘敬書	嘉慶二年季秋穀旦（1797）	三郊
金障金湯	知臺灣縣事薛志亮立	嘉慶歲次丙寅秋月（十一年・1806）	三郊
衛國抒誠	賜進士出身誥授中憲大夫欽命閩浙兩省候補道福建臺灣府知府前江南道監察御史加五級周爲 三郊義首蘇萬利、金永順、李勝興等立	道光十三年季秋月穀旦（1808）	三郊
慈航博濟	署臺防同知圖塔本敬立	咸豐十年七月穀旦（1860）	佛祖廳
玢楡共保	欽加按察司臺澎兵備道兼提督學政裕爲 三郊義首蘇萬利、金永順、李勝興等立	咸豐戊午年清和之月穀旦（八年・1858）	三郊
鼎萃堂	賞頂戴藍翎賞戴花翎欽命統領臺灣軍務署理福建水師提督軍門記名總鎮楞勇巴圖魯吳爲 三郊蘇萬利、金永順、李勝興等立	同治二年季秋之月穀旦（1863）	三郊
卜杜義聲	賞頂戴藍翎賞戴花翎欽命統領臺灣軍務署理福建水師提督軍門記名總鎮楞勇巴圖魯吳爲 三郊義首蘇萬利、金永順、李勝興等立	同治二年季秋之月穀旦（1863）	三郊
瀛東寶筏	都人士公立	光緒己卯夏穀旦（五年・1879）	佛祖廳

資料來源：1、石暘睢，〈西區拾遺〉，《臺南文化》，1953：34～35。

　　　　　2、《臺南市第三級古蹟水仙宮調查研究與修護計畫》，2000：31～32。

三：大天后宮清代至日治時期贈匾

匾額內容	捐贈者	捐贈年代
輝煌海澨	康熙御筆之寶	康熙甲子孟冬（二十三年‧1864）

神潮徵異	鎮守臺灣、福建等處地方都督同知管總兵官事世襲三等阿哈王達哈番記錄一次、今升福建水師提督藍廷珍	雍正元年歲次癸卯葭月穀旦（1723）

神昭海表	雍正御筆之寶	雍正四年（1726）

佑濟昭靈	乾隆御筆之寶	乾隆五十三年（1786）

海國安瀾	嘉慶御筆之寶	嘉慶五年（1800）

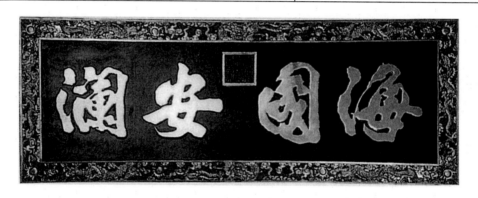

貺昭慈濟	總事三郊蘇萬利、金永順、李勝興　陳瑛彊	道光元年端月穀旦（1821）

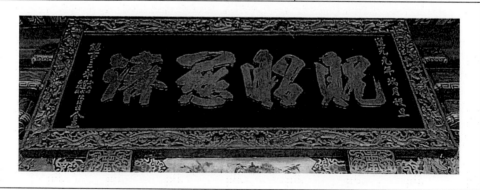

海國慈雲	署臺灣縣事范邦幹	道光三年二月朔（1823）
德配蒼穹	鎮守福建臺澎掛印總兵官蔡萬齡	道光四年歲次甲申嘉平下澣穀旦（1824）

環瀛徧德	按察使銜福建分巡臺澎兵備道兼提督學政、前翰林院編修、闕里孔昭虔	道光五年歲次乙酉孟夏月穀旦（1825）
德侔天地	福建汀漳龍道攝理臺灣府事方傳穟	大清道光歲次乙酉十月穀旦（五年・1825）

恩波普被	代理臺灣府經歷俞國楨	道光丁亥年仲春（七年・1827）
慈航普渡	臺灣府知府呂志恒	道光壬辰年仲秋穀旦（十二年・1832）
惠濟群生	賜進士出身知臺灣府長白托渾布	道光癸巳年中和月穀旦（十三年・1833）

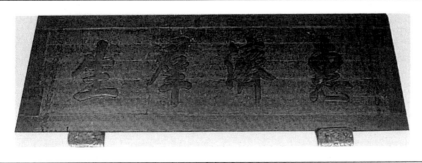

東海慈航	軍需委員皖江方長齡	道光癸巳年榴月穀旦（十三年· 1833）
	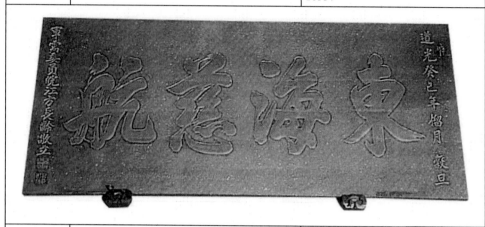	
母德敷天	欽差大臣盛京將軍一等輕車都尉長白瑚松額、署福建延平府知府陳大海、行營隨員署福建臺灣府知府周彥、建寧府松溪縣知縣張錫純等	道光十有三年季春月穀旦（1833）

大哉坤元	信士王銑	道光甲午孟春吉旦（十四年· 1834）

靈昭海寓	前署邵武縣知縣臺灣府經歷魏彥儀	道光乙未年子月穀旦（十五年‧1835）
慈航福庇	欽差大臣兵部尚書閩浙總督怡良	道光二十三年（1843）

恩周四海	署臺灣縣事王德潤	大清道光二十三年仲秋月穀旦（1843）
恬波惠宣	臺灣道臣徐宗幹	道光二十八年（1848）

眞眞活佛	欽命鎮守汀漳等處地方調署臺澎水陸掛印總兵官恒裕	咸豐元年柒月□日（1851）

厚德承天	清源洪毓琛	咸豐二年冬月穀旦（1852）
德侔厚載	咸豐御筆之寶	咸豐三年（1853）

露徹海天	浙江山陰鄭陳氏、魯陳氏、會稽陳王氏、鍾陳氏、陳萬氏	咸豐七年三月吉旦（1857）

慈雲永護	前署鳳山縣下淡水縣丞補用府經歷陸垣	咸豐八年五月穀旦（1858）
海天福蔭	六安楊克仲	咸豐八年姑洗月穀旦（1858）
瀛東覆幬	候選知縣府學訓導葉旭昌	咸豐十年秋月穀旦（1860）
寰海鏡清	江蘇常州府陽湖縣呂戀幹	同治元年四月穀旦（1862）
至哉坤元	提舉銜江蘇候補分發試用通判東越山陰鍾學義、徐寬鏞	同治癸亥孟秋吉旦（二年·1863）

后來其蘇	楚蘄信士陳德新	同治三年九月吉旦（1864）
海天福曜	道銜知臺灣府事楚蘄陳懋烈	同治三年嘉平月吉旦（1864）
一六靈樞	三郊	同治四年（1865）

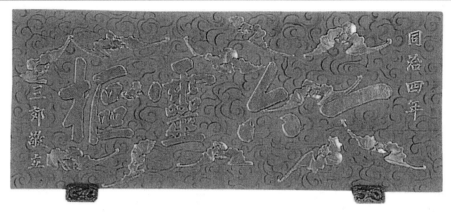

澤周海甸	藍翎同知署葛瑪蘭通判丁承禧	同治柒年端月□日（1868）
德媲媧皇	欽加提督銜鎮守臺澎掛印總兵官斐凌阿巴圖魯劉明燈	同治七年戊辰歲孟冬月望日（1868）

海隅丕冒	江蘇弟子孫昌運	同治七年仲冬朔日穀旦（1868）

湄嶼慈雲	淡水同知富樂賀	同治九年春王月穀旦（1870）
天南保障	六品銜福建候補縣丞沈繼曾	同治十年孟秋吉旦（1874）
寰海鏡清	特調臺灣縣學教諭邱鴻江	同治壬申年仲秋吉旦（十一年・1872）

與天合德	候補知縣王金城、候補知縣陳瑞民、候補同知何澄、候補知縣八十四、候補知縣程森、候補府經陳實、前浙江石門縣知縣劉熇	光緒乙亥夏五月（元年・1875）

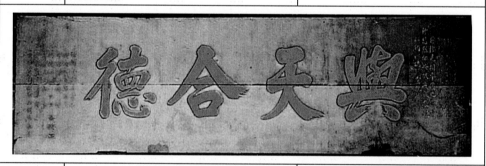

肅海銷統	帶鎮海中營福健即補參將豫章胡德興	光緒歲次四年嘉平吉旦（1878）
福錫瀛堧	候補知府署臺防同知袁聞柝	光緒己卯小春穀旦（五年・1879）

母德如天	幫同統領臺灣後山各軍記名總兵前署福建建寧總兵官羅洪標	光緒六年歲在上章執壯月穀旦（1880）
與天同功	光緒御筆之寶	光緒七年（1881）

聖文神武	山陰弟子章寶霖	光緒辛巳季春吉旦（七年・1881）

恩周薄海	補用知府候補同知胡培滋	光緒九年仲夏穀旦（1883）

后德配天	統領山後各軍兼帶鎮海中營總兵銜閩浙盡補用副將張兆連	光緒十年歲次甲申十月□穀旦（1884）

瑞慶大來	頭品頂戴記名提督楚南楊金龍	光緒十一年乙酉孟冬月穀旦（1885）

后來其蘇	欽命提督簡放山東登萊青總鎮年昌阿、署福建臺澎掛印總鎮奇車博巴圖魯世襲雲騎尉章高元	光緒歲次乙酉小春吉旦（十一年・1885）

仝邀后澤	臺灣後路統領張兆連率弟吉祥	光緒十一年歲次乙酉孟春月穀旦（1885）

慈航濟世	統領臺灣后山各軍楚北彝陵張兆連率弟得勝	光緒乙酉孟冬月穀旦（十一年・1885）

靈佑遠人	辦理後山北路水尾撫墾局同知府事蘄陽高垚	光緒十二年仲冬月吉旦（1886）

險夷神化	統領鎮海後軍各營兼管各路屯兵總兵銜閩浙補用副將張兆連	光緒十二年（1886）

好生立極	信人馬勝雲	光緒十二年季冬吉旦（1886）
后恩浩蕩	鎮海中軍正營哨官張占魁、賀福來、同什長勇丁等	光緒歲次丁亥十三年嘉平月穀旦（1887）
慈雲疊蔭	記名簡放總鎮統領臺灣鎮海後軍等營兼統各路屯軍辦理開山撫番事務楚北彝陵張兆連、率男五品銜候補縣丞張正清	光緒拾三年歲次丁亥季秋月穀旦（1887）
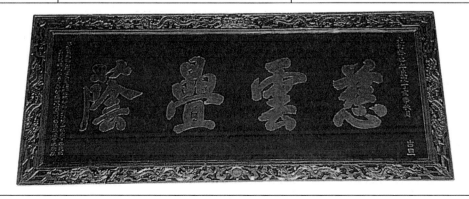		

鯤海慈航	同知銜前福建邵武府邵府縣知縣丁振德、補用同知署臺南府嘉義縣包容、總兵銜補用副將署臺□□城守營參將胡德興、鹽運使銜在任候補道臺灣府知府程起鶚、補用同知銜署臺南府安平縣知縣范克承	光緒戊子嘉平穀旦（十四年・1888）

靈助平蠻	記名簡放提督統領鎮海後路全軍兼轄南路各屯營勝勇巴圖魯張兆連、率長子五品銜候補縣丞正清、次子候選府經歷正藩	光緒己丑年孟春月穀旦（十五年・1889）

恩宏德沛	欽加副將銜統帶鎮海後軍左營盡先即補游擊楚北彝陵李得勝	光緒庚寅年仲冬月穀旦（十六年・1890）

至哉坤元	賞換花翎升授基隆同知權知臺南府事桐城方祖蔭	光緒十六年歲次庚寅孟冬之月穀旦（1890）

海宇蒙庥	記名提督前署恆春營游擊壯勇巴圖魯信官曾喜照	光緒十有八年歲次壬辰嘉平月穀旦（1892）

女中堯舜	新竹新埔接近相信士徐新木等十六名	明治三十九年歲次丙午季春之月穀旦（1906）

靈昭海國	臺南廳長正五位勛四等松木茂俊	大正四年歲次乙卯夏六月穀旦（1915）

萬家生佛	信士辛西淮	大正六年嘉平月穀旦（1917）

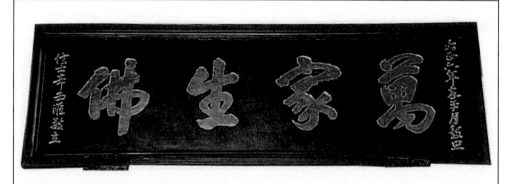

德配彼蒼	基隆聚樂社諸同仁	大正九年（1920）
慈雲寰海	臺北慈聖宮平樂社郭其來	民國九年庚申（大正九年・1920）

大天后宮	臺北靈安社	民國九年（大正九年・1920）
護國庇民	嘉邑義興軒	民國九年（大正九年・1920）

惠庇群生	鳳山俊小港庄、紅毛港尊府境內眾弟子	大正十年辛酉孟春（1921）

母儀稱聖	新竹同樂軒 李逸樵	歲在壬戌年仲春吉旦（大正十一年・1922）

海國恩波	東港郡林邊庄眾弟子	大正十四年季冬穀旦（1925）

慈雲普被	新豐郡永樂社、清平社	庚午桐月穀旦（昭和五年·1930）

海靜波恬	嘉義德義堂金獅龍鳳團	丙子初夏（昭和十一年·1936）

資料來源：1、曾吉連，《祀典臺南大天后宮志》，2001：187～199。

2、林衡道，〈大天后宮—民國六十三年三月調查〉，《臺灣文獻》，1974：81～84。

四：海安宮清代匾額

匾額內容	捐贈者	捐贈年代
佑濟昭靈	乾隆御筆之寶	乾隆五十三年（1788）

恩薄天池	欽命御前大臣經筵講官太子太保內大臣議政大臣協辦大學士吏部尙書兼兵部尙書陝甘總督將軍一等嘉勇公　福康安	乾隆戊申孟夏（五十三年・1788）

惠及戎黎	欽命加提督福建臺澎水陸等處地方掛印總兵官世襲恩騎尉加軍功二級　愛新泰	嘉慶伍年陸月（1800）

聖慈母德	欽命提督福建全省水師等處地方軍務統轄臺澎水陸官兵三等子爵世襲軍功加五級尋常加一級 王得祿	嘉慶歲次戊寅年桐月穀旦（二十三年・1818）

海邦濯靈	三郊	道光丙午年夏月（二十六年・1846）

鏡砥覃熙	里人施瓊芳	道光戊申季春穀旦（二十八年・1848）

資料來源：筆者拍攝

五：五條港巷道分布概況

資料來源：吳秉聲，〈一個港區空間面貌的呈現──以清領時期「臺灣府城五
　　　　　條港區爲例」〉，1998：9。

六：五條港區廟宇與聯境分佈概況圖

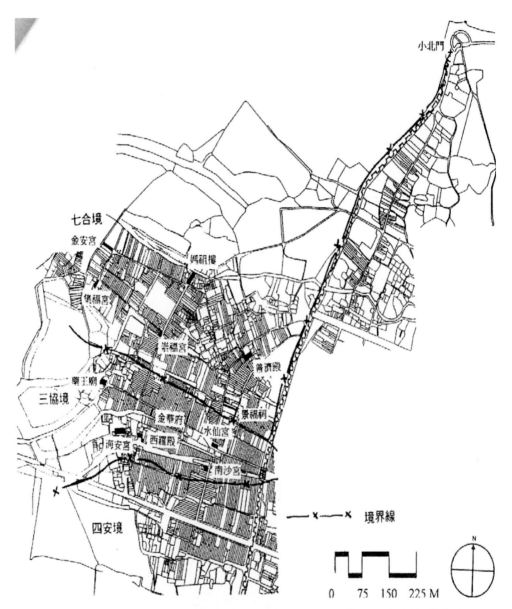

資料來源：吳秉聲，〈一個港區空間面貌的呈現──以清領時期「臺灣府城五
　　　條港區爲例」〉，1998：31。

七：嘉慶十年（1805）增建木柵外城位置圖

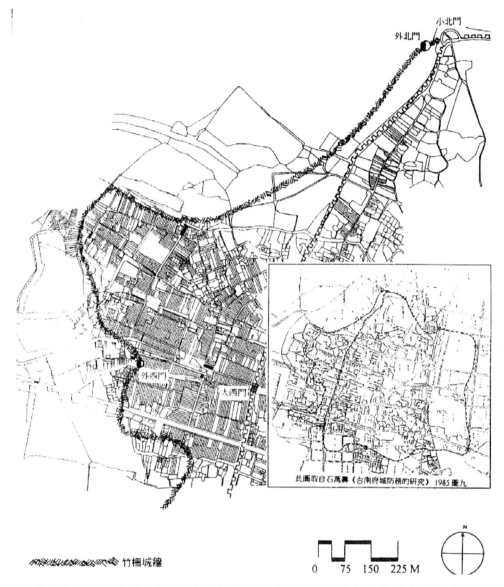

此圖取自石萬壽《台南府城防務的研究》1985 圖九

〜〜〜〜〜〜 竹柵城牆

0　75　150　225 M

資料來源：吳秉聲，〈一個港區空間面貌的呈現──以清領時期「臺灣府城五
　　　　　條港區爲例」〉，1998：36。

八：道光十四年～十六年（1834—1936）土建外城位置圖

土造城牆

0   75   150   225 M

資料來源：吳秉聲，〈一個港區空間面貌的呈現──以清領時期「臺灣府城五
　　　　　條港區為例」〉，1998：38。

九：光緒年間（1875—1895）臺南市舊街道圖

資料來源：洪敏麟，《臺南市市區史蹟調查報告書》，1977。

十：臺灣府城街道全圖

資料來源：洪敏麟，《臺南市市區史蹟調查報告書》，1977。

十一：明治二十八年（1895）臺灣府迅速測圖局部

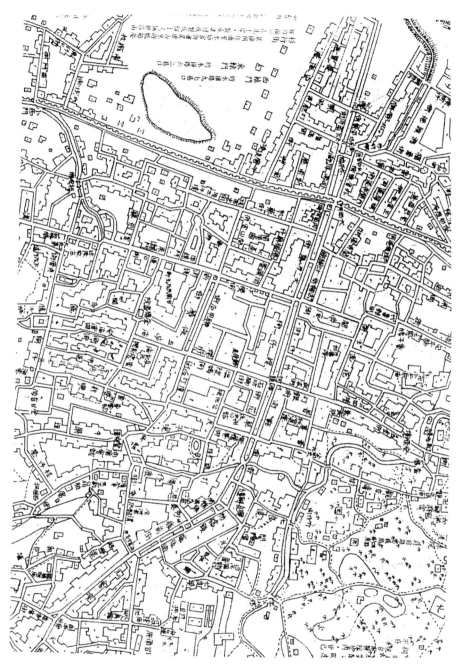

資料來源：楊秀蘭，〈清代臺南府城五條港區的經濟與社會〉，2004：218。

十二：府城海岸線變遷示意圖

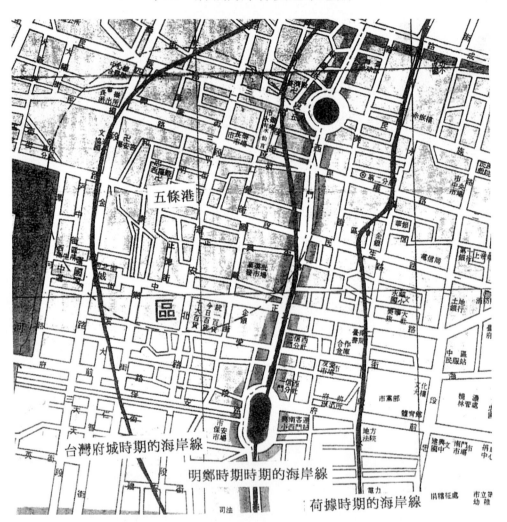

資料來源：《臺南市第三級古蹟水仙宮調查研究與修護計畫》，2000：5。

十三：清代鎮海營舊址

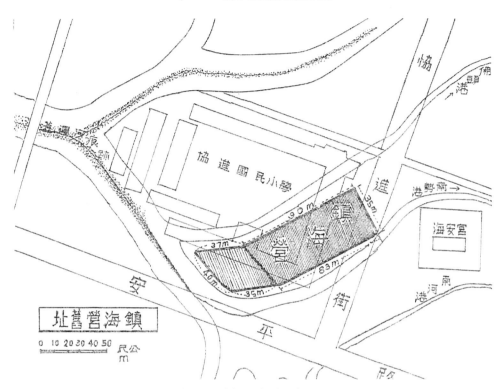

資料來源：洪敏麟，《臺南市市區史蹟調查報告書》，1977：77。